chili verlag

Marc Mandel

Machen!

Silben, Sätze, Sensationen

Marc Mandels minimalistischer
Merkratgeber für moderne
Manuskriptmacher

chiliverlag

Zuletzt im chiliverlag erschienen (Auszug):
DEUS IUDEX MEUS - Nur Gott ist mein Richter, Ralf Seeger, Autobiografie
Glasaugenstern - 101 Gedichte von Alex Dreppec
Strohblumenstörung - Politische Dichtung der Gegenwart
Vorübergehend nicht erreichbar - Über Kontaktabbrüche
PSYCHONYMOUS I - Vergeltung, Kurzkrimis
Chili Chicken - Ein Inder in Kassel, Anant Kumar
suchtraum, Sandra Stubbe, Roman
PSYCHONYMOUS II - Verzogen, Kurzkrimis
Lichtläufer, Gerwine Ogbuagu, Roman
TRANS I : Psychedelia, Isabelle Morgen, Autobiografie
Fassadenflucht, Politische Dichtung der Gegenwart II
Nachtschwarz, Himmelgrau, Kurzgeschichten, Horst Leiwig
Halli Galli in Gotha, Anant Kumar
Herzschlaf - Gedichte und Kurzprosa
Juleika Lippenrot, Erzählungen, David Wozniak
Stimmwirbel - Gedichte, Michel Ackermann
Gatti - Katz'n, Krasse Katz'nstories von 21 Autoren
Kodex Rosebud, Roman, Hans-Jörg Kühne

1. Auflage März 2016

franchili / 39

Detaillierte bibliographische Daten sind unter http://dnb.ddb.de bei der Deutschen Nationalbibliographie abrufbar.

Lektorat, Gestaltung, Layout: chiliverlag
Verwendete Fotos (Cover und innen): Ellen Eckhardt

ISBN 978-3-943292-41-1 www.chiliverlag.de

Ist das Leben nicht hundert Mal zu kurz, sich in ihm zu langweilen?

Friedrich Nietzsche

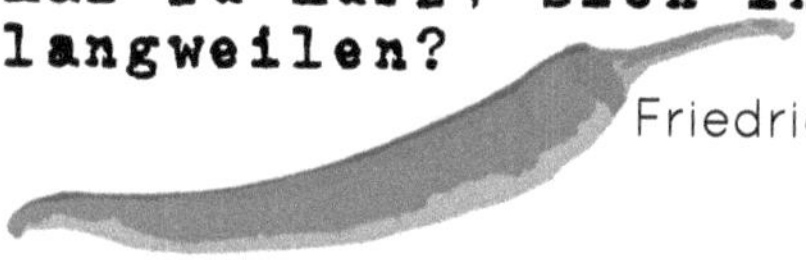

Inhaltsverzeichnis

Prolog

Was in der Literatur noch vor wenigen Jahren als Sensation galt, döst heute in den Regalen. Es wirkt ebenso angestaubt, wie die populäre Musik jener Zeit. Gute Texte zu schreiben ist eine Kunst. Allerdings kann sich keine Kunst völlig von ihrem Zeitgeist lösen. Deshalb will ich mit Ihnen gemeinsam in knapper Form Rezepte erarbeiten, um auch im Dritten Jahrtausend aus gewöhnlichen Wörtern mitreißende Geschichten zu formen. Die Rezepte entstammen Seminaren für Schreibanfänger und angehende Journalisten.

Im ersten Kapitel schauen wir uns die verschiedenen Textsorten an. Wir erfahren, warum die meisten Texte im Papierkorb landen, die an die Lokalredaktion geschickt werden. In meiner Seminarpraxis zeigten sich immer die gleichen grundsätzlichen Schwächen. Deshalb geht es bis zum Kapitel fünf um die handwerkliche Seite des Schreibens. Wir sprechen über die richtigen Wörter, Zeichen und Sätze.

So ausgestattet zeige ich Ihnen in der zweiten Hälfte, wie Sie fesselnde Geschichten verfassen – von der Short Story bis zum Roman. Schließlich erfahren Sie, wie Texte veröffentlicht werden und was Sie selbst für die Vermarktung tun können.

Das Schreiben ist nicht so trocken, wie manche Leute annehmen. Deshalb habe ich Ihnen drei komplette Kurzgeschichten eingestreut. Sie stehen unter dem Motto ***Entspannen Sie sich***.

Glauben Sie mir: Die Leser nehmen Ihnen jeden handwerklichen Fehler übel. Die gewöhnliche Strafe ist das Weglegen des Textes. „Man lasse uns Künstler in Worten sein", forderte Hugo von Hofmannsthal vor hundert Jahren. Doch ohne handwerkliche Grundkenntnisse kommt kein Künstler aus – auch kein Poet. Das Handwerk des Schreibens ist ein Nährboden; er wird sogar ihre Sachtexte verbessern. Der Schwerpunkt dieses Buches liegt allerdings auf dem Schreiben von attraktiven Geschichten. Spitzen Sie Ihre Ohren – und Ihren Bleistift.

1 WAS DAS LESEN MIT DEM ESSEN ZU TUN HAT

Woran denken Sie, wenn nach Ihrer Lieblings-Suppe gefragt wird? An die Zutaten? Gut. Allerdings wissen wir beide: Es kommt nicht nur darauf an, *was* die Köchin hineingepackt hat, sondern ebenso, *wie* das Ganze zubereitet wurde.

Bei einem Text ist es so ähnlich: Ob er uns ‚schmeckt', hängt vom *Inhalt* ebenso ab wie von der äußeren *Form*. Wahrscheinlich lieben Sie einige literarische *Formen* mehr als andere. Zu den meisten werden Sie in diesem Werk etwas finden. Ob Ihre eigenen Texte allerdings in diesem hektischen Jahrhundert das Interesse der Leser wecken, werden Sie erst wissen, wenn ihre Texte bis zum Ende gelesen werden.

Was ist eigentlich ein Text? Im Lateinischen ist *textus* ein ‚Gewebe'. Mit einem Gewebe haben wir es tatsächlich zu tun. Verwoben sind Zeichen, Buchstaben, Wörter, Begriffe, Metaphern, Vergleiche, Zitate, kurz: alles, was sich in mehreren tausend Jahren in unserer Sprache angesammelt hat. In Geschriebenem, Gedrucktem oder Gesprochenem.

Gesprochener Text besteht aus artikulierten Lauten. Geschriebener Text setzt sich aus Buchstaben zusammen. Eine Gruppe von Buchstaben bildet ein Wort; eine Gruppe von Wörtern bildet einen Satz; eine Gruppe von Sätzen bildet einen Absatz, einen Abschnitt, ein Kapitel und so weiter. Eingestreut finden wir noch ein paar Sonderzeichen. Doch das alles sagt nur etwas über die äußere Form des Textes. Um Texte auseinander zu halten, müssen wir uns ihrem Inhalt zuwenden.

Hier unterscheiden wir ganz grob *Sachtexte* und *Fiktionen*; man könnte auch sagen, dass die einen etwas beschreiben, während die Inhalte der anderen frei erfunden sind.

Wie gesagt, richtet sich dieses Buch vor allem an Leute, die Geschichten schreiben wollen. Die handwerklichen Tipps stammen oft aus dem journalistischen Alltag. Sie sind geeignet, alle Texte lesbarer zu gestalten – ein bisschen mehr Poesie täte auch vielen Zeitungsartikeln gut. Deshalb werde ich kurz über die unterschiedlichsten Textsorten sprechen.

! **Also:** Kein Kunstwerk entsteht ohne handwerkliche Grundlagen. Das gilt sowohl für die Musik als auch für die bildenden und darstellenden Künste. Ganz besonders trifft es jedoch auf die Poesie zu.

1.1 Sachtexte

Die Seiten dieses Buches reichen nicht aus, alle Arten von Sachtexten aufzuzählen. Sie tauchen in Gebrauchsanleitungen auf, als Leuchtreklamen, in Telefonbüchern, auf Internet-Seiten, in Werbe-Schriften, als Fernseh-Ansagen und vielleicht sogar auf der Rückseite Ihres Toilettenpapiers. Auf einige wenige will ich eingehen.

1.1.1 Protokolle (Telefon, Sitzung, Gespräch)

Als Kind war ich gelegentlich am Nachmittag alleine im Haus. Deshalb brachte meine Mutter mir bei, Telefonanrufe zu protokollieren. Da ich vergesslich bin, liegt jetzt immer noch ein Notizblock neben dem Telefon. Darauf schreibe ich bis heute den Namen des Anrufers, eventuell mit Rufnummer, darunter sein Anliegen. Wie bei jeder Notiz gehören das Tagesdatum und die Uhrzeit dazu. In der Universität bekam man früher nicht einmal einen ‚Sitzschein', ohne für wenigstens eine Seminar-Sitzung ein *Protokoll* anzufertigen. Da es sich hier nicht (wie beim Telefon) um ein *Verlaufs-*, sondern um ein *Ergebnis-Protokoll* handelt, sollte es sinnvoll in Punkte und Unterpunkte gegliedert werden. Wer sich gut mit seinem Computer versteht, kann sich dabei ein bisschen helfen lassen. Sitzungsprotokolle sollten zeitnah geschrieben werden, am besten noch am selben Tag.

Im Berufsleben werden gelegentlich mit Vorgesetzten Gespräche geführt, ohne dass sie sofort schriftlich fixiert werden. Hier lohnt es sich, zeitnah aus dem Gedächtnis zu notieren, was genau vereinbart wurde. Auch diese Notiz ist ohne Datum und Uhrzeit schon nach kurzer Zeit wertlos.

Also: Jede Notiz hat Pflichtfelder: Ort, Uhrzeit, Grund, Namen der Teilnehmer, Gesprächsthema, Unterpunkte, Ausblick, Zeichen des Protokollführers. Um nichts zu vergessen, sollte man sich die *sieben W-Fragen* merken, die noch in vielen anderen Zusammenhängen nützlich sind: **W**er tut **W**as? **W**ie? **W**o? **W**ann? **W**arum? **W**oher wissen wir das?

1.1.2 Pressemeldungen

Im Durchschnitt ist jeder Erwachsene in diesem Land Mitglied in zwei Vereinen. Und die haben immer einen Pressewart. In kleineren Vereinen macht das der Schriftführer. Doch die Zeitungen drucken deren Hinweise nur selten. Aus eigener Erfahrung in einer Lokalredaktion kenne ich die Gründe gut: Die Texte sind zu lang, zu weitschweifig, zu wenig strukturiert. Vielleicht haben Sie ja Interesse, in Ihrem Verein den Pressewart zu geben. Oder es gibt in Ihrem Privatleben das eine oder andere Ereignis, das für die Zeitung interessant sein könnte.

Melden Sie sich vierzehn Tage vor dem Event bei einem namentlich bekannten Redakteur. Das kann natürlich auch eine Redakteurin sein (ich werde nachfolgend immer nur *eine* Form für beide Geschlechter nutzen). Den Namen erfahren Sie aus der Zeitung oder dem Internet. Noch besser ist, wenn Sie diese Person bei einer ähnlichen Gelegenheit direkt ansprechen. Journalisten beißen nur selten. Lassen Sie sich sicherheitshalber eine Visiten-Karte geben.

Schreiben Sie ihm vierzehn Tage vorher eine E-Mail. Die Überschrift schildert mit höchstens fünf Wörtern, um was es geht. Der nachfolgende Text sollte nicht länger als fünf Zeilen sein, mit jeweils 60 Zeichen. Benutzen Sie *eine* einfache Schrift (zum Beispiel Verdana) in einer Größe von 12 oder 14 Punkt. Verzichten Sie auf Fettdruck. Wie der Text lesbarer wird, erarbeiten wir uns ab dem zweiten Kapitel. Unter Ihrem Text steht die Quelle: *Sie erhalten diese Zeilen von ...* mit Namen und Anschrift.

Hängen Sie ein verkleinertes Foto an (längste Seite höchstens 1000 Pixel) und bieten Sie auf Wunsch das gleiche Bild hochaufgelöst an (hochaufgelöste Bilder mit 3000 Pixeln oder mehr für die längere Kante sollten Sie nie an eine Mail hängen, sondern auf einer ‚Wolke' platzieren, zum Beispiel der *Dropbox*).

! **Also:** Pressemeldungen haben höchsten 5 Zeilen zu 60 Zeichen. Sie beantworten die bereits bekannten *sieben W-Fragen*: **W**er tut **W**as? **W**ie? **W**o? **W**ann? **W**arum? **W**oher wissen wir das?

1.1.3 Zeitungsartikel

Wenn Ihr Event vorüber ist, schreiben Sie vielleicht einen *Bericht*. Doch nur wenige Zeitungen freuen sich darüber. Damit Ihr Artikel überhaupt eine Chance hat, in einer Zeitung gedruckt zu werden, muss er einem Redakteur (der sich möglichst an Ihren Namen erinnert) am folgenden Tag um elf Uhr vorliegen. Sie müssen ihm also abends oder in der Nacht schreiben. Der Bericht sollte um die 2000 Zeichen haben, keinesfalls mehr als 3000. Geben Sie eine Telefonnummer an, damit der Redakteur Rückfragen stellen kann. Hängen Sie ein knackiges Foto mit höchstens 1000 Pixeln Kantenlänge an. Ideal ist ein ‚Hingucker' (Eye-Catcher). Rechnen Sie damit, dass der Redakteur anruft, weil er ein hochaufgelöstes Bild haben will. Legen Sie ihm das gegebenenfalls auf eine ‚Wolke' (zum Beispiel *We Transfer*). Wie Sie einen Zeitungsartikel anfangen, erfahren Sie unter Punkt 5.3, wo es um Anfänge geht.

So lange Sie kein Kürzel als Freier Mitarbeiter einer Redaktion haben, besteht kaum eine Chance, in einer Zeitung gedruckt zu werden. Dies gilt zumindest für eine *Reportage*, einen *Essay*, eine *Rezension* oder ein *Interview*. Vielleicht versuchen Sie es zunächst bei Ihrer Vereinszeitung. Manchmal gibt es auch Unternehmenspostillen, die Beiträge von Mitarbeitern veröffentlichen. Deshalb folgen noch ein paar Worte über verschiedene journalistische Sparten.

1.1.3.1 Eine *Reportage* ist ausführlicher als ein Bericht; sie enthält persönliche Eindrücke der Beteiligten und des Schreibers. Die Reportage ist ganz nah am Geschehen. Wichtig sind zahlreiche O-Töne (wörtliche Reden) von Beteiligten oder

Interviewpartnern. Sie ist bis zu 5000 Zeichen lang.

1.1.3.2 Der *Essay* ist breiter angelegt als ein Bericht und wird im Allgemeinen aus Archiv-Material erarbeitet. Die Gedanken werden sozusagen vor den Augen des Lesers entwickelt. Er ist meist stilistisch ausgefeilt, aber leicht verständlich. Eine gewisse Distanz zum Geschehen ist spürbar. Orientieren Sie sich ebenfalls an etwa 5000 Zeichen.

1.1.3.3 *Rezensionen* beantworten die Fragen: Was ist das? Wie ist es gemacht? Ist das gut? Das setzt voraus, dass der Rezensent nicht nur dieses Werk kennt, sondern auch viele andere. Das Werk kann ein Buch sein, ein Film, ein Bühnenwerk etc. Die Rezension hat meist um die 2000 Zeichen, die Kurz-Rezension begnügt sich mit der Hälfte.

1.1.3.4 *Interviews* werden schriftlich festgehalten. Zur Kontrolle läuft ein Aufzeichnungsgerät mit. Der Interviewer hat sich vorher ausführlich mit dem Interviewpartner und dessen Thema beschäftigt. Im Allgemeinen werden Interviews erst dann veröffentlicht, wenn der Gesprächspartner sie autorisiert hat. Der Umfang beträgt etwa 3000 Zeichen.

Also: Schreiben Sie noch in der Nacht nach dem Event einen Bericht mit einer Länge von höchstens 3000 Zeichen. Er sollte bis elf Uhr vormittags per E-Mail an einen namentlich bekannten Redakteur geschickt werden. Hängen Sie ein Bild mit höchstens 1000 Pixeln Kantenlänge an. Nennen Sie eine Telefonnummer, unter der Sie erreichbar sind. Solange Sie kein Kürzel als Freier Mitarbeiter in einer Redaktion haben, werden Sie Ihre *Reportagen*, *Essays*, *Rezensionen*, *Interviews* wahrscheinlich nur in Vereins- oder Firmenzeitschriften unterbringen.

1.1.4 Persönliche Texte (SMS, E-Mail, Blog, Brief)

Regeln gelten hier nur, wenn es sich um offizielle Korrespondenz handelt, zum Beispiel mit der Telefongesellschaft. Dann sollte auch bei E-Mails oben Name, Adresse, Telefonnummer und Kundennummer angegeben werden.

Private Korrespondenz wird oft jahrelang gespeichert. Vermeiden Sie deshalb auch hier, ausfallend zu schreiben - beispielsweise, weil Sie sich über etwas geärgert haben.

Also: Persönliche Texte enthalten Name, Anschrift, Telefonnummer, Kundennummer nur, wenn sie an Unternehmen oder Behörden gerichtet sind. Für die private Korrespondenz können Sie Regeln beachten, müssen es aber nicht.

1.2 Fiktionale Texte

Bevor wir uns um die handwerklichen Grundlagen kümmern, werfen wir noch einen kurzen Blick auf literarische Gattungen.

„Es gibt nur drei echte Naturformen der Poesie: die klar erzählende, die enthusiastisch aufgeregte und die persönlich handelnde: Epos, Lyrik und Drama." Das schreibt Johann Wolfgang von Goethe im *Westöstlichen Divan*. Mit etwas Geduld kann man tatsächlich alle fiktionalen Texte in einer der drei Kategorien unterbringen.

1.2.1 Gedichte – Lyrik

Sicher gibt es mehr Leute, die Gedichte schreiben, als solche, die Gedichte lesen. Gute Gedichte verbreiten jedoch oft einen besonderen poetischen Reiz – beispielsweise unter Verliebten. Vielleicht erhalten Sie sogar auf der Seite eines sozialen Netzwerks plötzlich ‚Likes' („mag ich") von völlig unbekannten Lesern, wenn Sie dort ein selbstgeschriebenes Gedicht veröffentlichen.

Witzige Gedichte hingegen werden immer noch mit Erfolg mündlich vorgetragen; bei Familienfeiern, im Vereinsheim oder beim publikumswirksamen Poetry-Slam. Dort hat interessanterweise auch nachdenkliche Lyrik ihren Platz.

Es folgen einige wenige Hinweise. Allerdings werden Sie bei mir nichts über die Unterschiede zwischen Lyrik und Gedicht lesen – weil dazu bereits unendlich viel gesagt wurde.

Unter einem *Reim* verstehen wir den Gleichklang ab einem betonten Vokal. Dabei unterscheiden wir den *Endreim*:

paradies für kurzschlussk***äufer***
rollkunstl***äufer***
wiedert***äufer***

und den *Binnenreim*:

g***auben*** auf- und zuzuschr***auben***
l***auben*** baun für turtelt***auben***

Unter *Assonanz* verstehen wir den Gleichklang betonter Vokale:

schn***au***bend d***au***ben
gr***au*** zu st***au***chen

st***au***b ***au***s
seifenl***au***gen s***au***gen

Zum Entspannen hier das vollständige Werk:

Gedicht: für den baumarkt

paradies für kurzschlusskäufer
rollkunstläufer
wiedertäufer
rotweinsäufer
amokläufer
schnäppchenjäger
prämienhäufer
kettenraupen abzustauben
notentrauben durchzupauken
bucklig krauchen ohne fauchen
streichen ohne anzuhauchen

gauben auf- und zuzuschrauben
lauben baun für turteltauben
braune laugen die nicht stauben
jauche
blau wie kinderaugen
schnaubend dauben grau zu stauchen
staub aus seifenlaugen saugen
da hilft nicht
sich mit den augen festzusaugen
an den schrauben

traubenhafte augenlauben
angestaubte pickelhauben
jaulend blaue wintertrauben
faulend graue taubenaugen
festsitzende senkkopfschrauben
ohne haube aufzuklauben

haschisch-rauchend
staub zu saugen
saugend
brausen abzulaugen
fauchend
hauchend
einzutauchen
automaten auszurauben
fordert nicht nur festen glauben
sondern werkzeuge
die taugen

Als *Alliteration* bezeichnen wir den Gleichklang eines Anlautes:

boggo ***b***aggert mit dem ***b***agger

Hier das vollständige Werk:

Gedicht: biggi

boggo baggert mit dem bagger
an der spitze der kolonne
das gebagger und geklacker
ist für ihn eine chaconne
kiesel spritzen
männer schwitzen
späne blitzen in der sonne
ketten rasseln
steinchen prasseln
bis sie voll die megatonne

von den kränen regnen späne
er muss gähnen

bis halb viere
durstig denkt er an die hähne
rotschopf biggi zapft die biere
boggo kippt sie wie ein däne
ohne rücksicht auf die niere
manche runde edler brände
biggi froh gelaunt servieret

boggo streichelt biggis mähne
er bestellt für alle branntwein
boggos hände wandern tiefer
biggi ist ja nun kein backstein
boggos baggerschaufeln spürt sie
in der wäsche einen geldschein

beugt sich vor
das macht ihn mutig
spürt ihr strumpfband unterm röcklein
boggo fummelt bei der biggi
das steht fritz
ihr freund
im lichtschein
boggo zuckt
der fritz ist boxer
lädt ihn schnell zu schnaps und bier ein

An den Beispielen sehen Sie bereits, dass in der Poesie nicht alle Regeln in Stein gemeißelt sind; deshalb seien Sie kreativ und halten Sie sich an Ernst Bloch: „Denken heißt Grenzen überschreiten."

Also: Auch wenn mehr Leute Gedichte schreiben als lesen, hat diese Art von Poesie ihre Liebhaber. !

Empfohlene Literatur:
Thalmayr, Andreas: Lyrik nervt. Erste Hilfe für gestresste Leser. München – Wien, Carl Hanser Verlag 2004.

1.2.2 Dramen (Theaterstücke, Filme, Comedy)

Vielleicht wollen Sie ein Stück schreiben. Private Bühnen nehmen gern witzige Lustspiele unbekannter Schriftsteller in ihr Programm. Oder Sie möchten ein Drehbuch schreiben. Die Aufnahmetechnik für enthusiastische Amateure ist heute unglaublich preiswert und damit können fast schon professionelle Spielfilme erstellt werden. Gleiches gilt für das private Fernsehen und seine Comedy-Produktionen. Das ist ein weites Feld für geschickte Geschichtenschreiber. Da es bei einem Spielfilm wie bei einem Theaterstück vor allem auf die Dramaturgie ankommt, verweise ich hier nur auf das Kapitel acht, in dem ich ausführlich auf den Ablauf eingehe.

! **Also:** Wer ein Stück oder ein Drehbuch schreiben will, sollte sich an private Bühnen, Amateur-Filmer oder alternative Fernsehsender wenden.

Empfohlene Literatur:
Hall, Roger A.: Mein erstes Stück. Aus dem Englischen von Andreas Betten. Frankfurt, Zweitausendeins 2000 [im Verlag vergriffen; nur noch antiquarisch erhältlich].

Verschiedene Übersetzungen eines Standardwerkes von Syd Field: Screenplay. The Foundations of Screenwriting. Zu finden unter dem Stichwort Drehbuch.

1.2.3 Erzähltexte (Kurzgeschichten, Novellen, Romane)

Damit kommen wir zum Kern des vorliegenden Buches: Erzähltexte in Form von Kurzgeschichten, Novellen oder Romanen. Solche ungebundenen (also nicht gereimten oder gedichteten) Texte heißen Prosa-Texte. Diese drei Prosa-Genres haben viele Ähnlichkeiten und unterscheiden sich hauptsächlich in ihrer Länge. Um Erzähltexte geht es ausführlich in der gesamten zweiten Hälfte dieses Werkes.

Also: Erzähltexte sind Geschichten von unterschiedlicher Länge. Kurzgeschichten (oder Short Stories) sind kurze Novellen (oder Erzählungen), manchmal auch kleine Romane. Alle Geschichten sollen ihre Leser fesseln, damit sie bis zur letzten Zeile gelesen werden.

Exkurs: Die Quellen der europäischen Literatur

Der blinde Sänger Homer schrieb vor fast 3000 Jahren die *Ilias* und die *Odyssee* – wenn die Legenden wahr sind, die über ihn erzählt werden. Wer sich allerdings mit Literatur beschäftigt, weiß genau, dass alles ein bisschen wahr ist, was gesagt oder geschrieben wird.

In beiden Geschichten erfahren wir, wie die alten Griechen ‚getickt' haben. Vieles davon gilt auch heute noch für die ‚westliche Kultur'. Außerdem können wir uns nun ganz gut vorstellen, wie das ‚Homerische Gelächter' der Götter den Olymp erzittern ließ, als sie Zeus beim Liebesakt überraschten. Darüber hinaus handelt es sich um wirklich spannende Geschichten, die ich alle fünf bis zehn Jahre lese. Das sollten Sie auch tun.

Hier eine Auswahl der erhältlichen Ausgaben:

Homer: *Ilias/Odyssee*. Übersetzt von Johann Heinrich Voss. München: dtv 2002.

Das ist sozusagen der amtliche Text in den Universitäten.

Homer: *Ilias*. Übersetzt von Wolfgang Schadewaldt. (Frankfurt, Insel 1975), Düsseldorf: Patmos ^{4}2007.

Homer: *Odyssee*. Übersetzt von Wolfgang Schadewaldt. (Frankfurt, Insel 1975), Düsseldorf,: Patmos ^{4}2007.

Schadewaldt ist bei Homer mein Lieblingsübersetzer. Er hat auf gebundene Sprache verzichtet.

Rai, Edgar: *Homer für Eilige*. Berlin: Aufbau 2002.

Dieses mitreißende Buch richtet sich nicht nur an Erstleser.

Homer: *Ilias*. (Schadewaldt), gelesen von Rolf Boysen. Gekürzte Ausgabe. Laufzeit 7 Stunden 42 Minuten – 6 CDs.

Ein Hörbuch: Ideal beim Trainieren oder Joggen.

Etwa 300 Jahre später wurde das *Alte Testament* aufgeschrieben und vor knapp 2000 Jahren das *Neue Testament*. Beide Bücher der *Bibel* sind ebenso wichtig für die abendländische Poesie wie Homer. Wer professionell schreiben will, sollte auch die *Bibel* wenigstens einmal ganz lesen. Hier eine Auswahl der Ausgaben:

Stuttgarter Erklärungsbibel [SEB]. Lutherbibel in der revidierten Fassung von 1984 mit Einführungen und Erklärungen. Stuttgart: Deutsche Bibelgesellschaft 1999 [Neu-Ausgabe 2016].

Sie enthält zahlreiche exegetische Anmerkungen, die auch für Laien verständlich sind.

Neue Jerusalemer Bibel. Einheitsübersetzung

mit dem Kommentar der Jerusalemer Bibel. Freiburg: Herder 1985.

Ebenso wie die SEB enthält sie zahlreiche exegetische Anmerkungen, die auch für Laien verständlich sind.

Die *Volx-Bibel*. Frei übersetzt von Martin Dreyer. Band I. *Die alten Verträge zwischen Gott und den Menschen*. München: Pattloch 2009. Band II: *Ein neuer Vertrag zwischen Gott und den Menschen. München*: Pattloch 2008.

Diese Bücher sind in aktueller Jugendsprache geschrieben. Wer also jugendliche Figuren in seinen Geschichten auftreten lässt, kann sich hier bequem mit der entsprechenden Ausdrucksweise versorgen.

Das Neue Testament und frühchristliche Schriften. Übersetzt und kommentiert von Klaus Berger und Christiane Nord. Frankfurt: Insel ^{6}2003.

Die Verfasser haben zahlreiche Schriften aus den ersten zwei Jahrhunderten neu übersetzt und gehen damit weit über die kanonisierten Bücher hinaus.

Biblia – das ist die gantze Heilige Schrift Deutsch. Marth. Luth. Begnadet mit kurfüstlicher zu Sachsen freiheit. Gedruckt durch Hans Lufft. A. D. XXXIIII. Von Stephan Fuessel (Erläuterungen), Lucas Cranach (Illustrator), Martin Luther (Übersetzer). Die Faksimile-Ausgabe der Luther-Bibel von 1534 nach dem handkolorierten Exemplar aus der Herzogin-Anna-Amalia-Bibliothek in Weimar in zwei Bänden mit Begleitheft im Schuber. Stuttgart: Deutsche Bibelgesellschaft 2013.

Diese Faksimile-Ausgabe ist ein Prachtstück für den Kaffeetisch.

Also: Lesen Sie wenigstens einmal die Werke Homers und die Bibel. Besonders Sparsame finden das alles natürlich kostenlos im Netz. !

1.3 Poesie versus Trivial-Literatur

Den Grad der literarischen Qualität nennen Literaturwissenschaftler *Literarizität*. Nach der Literarizität kann man Texte in *Dichtung*, *Unterhaltung* oder *Trivialliteratur* abstufen. Dabei sind die Grenzen fließend. Deshalb will ich mich in die erbitterten Diskussionen darüber gar nicht einmischen. Große *Dichtung* ist oft anstrengender als *Unterhaltungsliteratur* – und macht fast immer weniger Spaß. Für Viel-Leser wie mich ist Unterhaltungsliteratur deshalb am Wichtigsten. Wenn Sie es nicht weitersagen: Weiter unten sage ich sogar etwas Positives zur Trivial-Literatur.

! **Also:** Das *Wie* eines Textes nennen die Fachleute *Literarizität*.

1.3.1 Literatur ist zeichenhaft und somit immer fiktional

Zitat: *Es führt von der Poesie kein direkter Weg ins Leben, aus dem Leben keiner in die Poesie. Das Wort als Träger eines Lebensinhaltes und das traumhafte Bruderwort, welches in einem Gedicht stehen kann, streben auseinander und schweben fremd aneinander vorüber, wie die beiden Eimer eines Brunnens.* (Quelle: Hugo von Hofmannsthal, Chandos-Brief.)

Leider kenne ich die Verhältnisse bei Ihnen nicht. Bei mir zeigt das Thermometer für draußen momentan über dreißig Grad Celsius. Ich habe mir vorgenommen, noch eine halbe Stunde am Rechner zu sitzen. Dann werde ich ein Bistro besuchen. Es liegt schräg gegenüber. Wenn ich das Fenster öffne, kann ich es sehen. Davor sitzen die Gäste auf einer Art ‚Boardwalk'. Einem Pärchen bringt die Serviererin gerade frisch gezapftes goldgelbes Pils. Ich greife nach dem Fernglas und beobachte, wie die Kellnerin sich bückt, um mir und den Gästen einen tiefen Blick in ihr Dekolleté zu ermöglichen. Natürlich ist das Bier kalt. Ebenso wie das blitzende Glas, das in der Hitze sofort anläuft. Gierig greifen die beiden nach den Gläsern und stoßen an. Können Sie sich das vorstellen? Die adrette Serviererin, die schwitzenden Hände, das angelaufene Glas, die wackelnde Schaumkrone?

Aber Sie können das Bier nicht trinken. Egal wie genau ich es Ihnen beschreibe. Sie können sich nicht dazusetzen, um mit dem Pärchen zu reden und eventuell selbst so ein leckeres Pils zu bekommen.

Ich benutze sprachliche Zeichen, damit in Ihrem Kopf ein Bild entsteht. Aber der Eimer auf der Seilwinde, in dem Sie sitzen, wird mich in dem anderen Eimer niemals berühren (um Hofmannsthals sprachliches Bild noch einmal zu bemühen). Sie wissen nicht einmal, ob das Bier wirklich existiert oder ob ich Sie angeschwindelt habe. Trauen Sie keinem Erzähler. Wir schaffen uns eine eigene Welt. Mit eigenen Wahrheiten. Aber wenn Sie ein Bier trinken wollen, müssen Sie wenigstens aufstehen, um den Kühlschrank zu öffnen. Lesen genügt nicht.

Die sprachlichen Zeichen verweisen auf andere Zeichen, aber niemals auf ein konkretes Bier – auch wenn ein solches gemeint ist. Das Bier wird niemals einen Weg in das Buch finden. (Auf die sprachlichen Zeichen gehe ich später noch genauer ein.) Wir müssen uns damit abfinden, dass der Text nur eine Welt abbildet, die der Schriftsteller sich *vorgestellt* hat. Deshalb ist Literatur immer fiktional – und nicht nur sie.

Also: In der Literatur beziehen sich Zeichen auf Zeichen. Sie ist immer fiktional. Vorsicht: Schriftsteller flunkern oft.

1.3.2 Literarizität – die *Form* ist wichtiger als der *Inhalt*

Das Wort *Poesie* kommt aus dem Griechischen. Es bezeichnet eigentlich das ‚Gemachte'; heute würden wir vielleicht sagen: das Komponierte. Erinnern Sie sich, dass ich am Anfang ein Gleichnis gebraucht habe, also einen *Vergleich*? Ich sprach von der Köchin und der Suppe. Bei ihr kommt es ja ebenso auf den *Inhalt* an wie auf die Art, *wie* die Suppe zubereitet wurde. Den Inhalt kann jeder in der nächsten Kleinmarkthalle besorgen. Aber wenn es schmecken soll, muss eine erfahrene Köchin am Herd stehen und das Mahl komponieren. Oder ein ebensolcher Koch.

(Wie bereits erwähnt: Wenn in diesem Text eine weibliche oder eine männliche Form auftaucht, schließt das immer die Möglichkeit beider Geschlechter ein.)

Die Meisterschaft erkennt man folglich am Geschmack. In der Literatur ist das so ähnlich. Wörter sind wohlfeil. Doch erst *wie* ein Schriftkünstler sie zu setzen weiß und zu Kapiteln zusammenfügt, entscheidet über die Qualität. Wie gesagt haben Literaturwissenschaftler dafür den Ausdruck *Literarizität* geschaffen; das ist *der Grad eines Werkes, literarisch zu sein*. Für die Literarizität ist also das *Wie* wichtiger als das *Was*.

1.3.3 Trivial-Literatur

Das lateinische *trivial* bedeutet allgemein zugänglich, gewöhnlich, schlicht. Weil Sie dieses

Buch gekauft haben, nehme ich optimistischer Weise an, dass Sie auf keinen Fall *Trivial-Literatur* schreiben wollen. Deshalb wollen wir darüber reden, was man darunter versteht. Triviales enthält zunächst Klischees, die den Erwartungen vieler Menschen folgen. So werden bestehende Meinungen und Vorurteile bestätigt. Die Figuren sind entweder gut oder böse. Außerdem enthält Trivial-Literatur die exzessive Darstellung sensationeller Inhalte. Wie bereits erwähnt, sind Abläufe und Handlungsstränge vorhersehbar.

Entsprechend häufig sind solche Merkmale in Liebesromanen, Heimatromanen, Wildwestromanen, Kriminalromanen, Science-Fiction-Romanen, Fantasy-Romanen oder Pornografie anzutreffen. Das bedeutet aber nicht, dass alle Exemplare dieser Genres trivial wären. In jeder der genannten Sparten taucht immer wieder ein hochliterarisches Werk auf, wie die folgenden (willkürlich ausgewählten) Werke dieser Genres zeigen:

Kirchhoff, Bodo: Infanta. München, dtv 1990. (Liebesroman)

Storm, Theodor: Immensee. Leipzig, Reclam 1965 [1849]. (Heimatroman)

May, Karl: Der Schatz im Silbersee. Bamberg-Radebeul, Karl May 1997 [1890]. (Western)

Dürrematt, Friedrich: Der Verdacht. Zürich, Diogenes ^{28}2004 [1951]. (Kriminalroman)

Schätzing, Frank: Der Schwarm. Frankfurt, Fischer 2004. (Science-Fiction-Roman)

Rowling, Joanne K.: Harry Potter. Hamburg, Carlsen 1997-2007. (Fantasy)

Nabokov, Vladimir: Lolita. Reinbek, rororo 1955. (Pornografie)

Lassen Sie mich noch eine Lanze für die Trivial-Literatur brechen: In der Pubertät greifen viele

Jugendliche danach. Das war bei mir nicht anders. Bei Ihnen vielleicht auch nicht. Später kam ich ganz alleine darauf, dass diese Geschichten mich nicht mehr zufriedenstellten. Ohne Trivial-Literatur hätte mancher Jugendliche in der Pubertät das Lesen vielleicht eingestellt. Und wer weiß, ob er dann jemals wieder damit angefangen hätte.

Also: Trivial-Literatur zeichnet sich durch Vorhersehbarkeit aus, durch das Bestätigen von Vorurteilen, durch exzessive Gewalt und holzschnittartige Typen. Einige Genres sind dafür besonders anfällig. Aber es gibt überall hochliterarische Ausnahmen.

1.3.4 Begriffe ohne Funktion

Da dieselben Begriffe auch in der Realität auftauchen, werden sie in der Literatur entpragmatisiert (also ihrer Funktion beraubt). So kann eine geschickte Köchin nach den Rezepten in *Es muss nicht immer Kaviar sein* (Simmel, Johannes Mario: Es muss nicht immer Kaviar sein. München: Droemer Knaur ^{45}1983) vielleicht tatsächlich schmackhafte Gerichte zaubern – es handelt sich hier aber keineswegs um ein Kochbuch, sondern um einen Roman.

Für Hobby-Köche empfiehlt sich nach wie vor die Fachliteratur. Auch die abgebildete Fahrkarte in *Berlin Alexanderplatz* (Döblin, Alfred: Berlin Alexanderplatz. Die Geschichte von Franz Biberkopf. Frankfurt: S. Fischer [1929] 2013) berechtigte nie zu einer Fahrt mit der Trambahn. Wie die Kunst überhaupt ist fiktionale Literatur zweckfrei.

In dem immer noch lesenswerten Büchlein *Die Innenwelt der Außenwelt der Innenwelt* (Handke, Peter: Die Innenwelt der Außenwelt der Innenwelt. Frankfurt: Edition Suhrkamp [6]2006 [1969] [= es 2422]) von Peter Handke finden wir auf Seite 17 *Die Aufstellung des 1. FC Nürnberg vom 27.1. 1968*, so wie sie damals im Stadion verteilt wurde. Auf Seite 24–26 steht Die *Japanische Hitparade vom 25. Mai 1968* und auf Seite 35 ff. die Besetzungsliste für den Film *Bonnie und Clyde*. Auch diese Listen sind unverändert, aber sie wurden für den Abdruck in einem Lyrikband ihrer Funktion beraubt.

In der bildenden Kunst gibt es ähnliche Trends. Dort heißen sie *Readymade* oder *Objet trouvé*. Es handelt sich um vorgefundene Gegenstände, die vom Künstler kaum oder gar nicht bearbeitet wurden, bevor sie in einem künstlerischen Kontext präsentiert werden.

Also: Literarische Begriffe folgen nur der poetischen Wahrheit. Sie sind Dingen in der Wirklichkeit manchmal verblüffend ähnlich. Gelegentlich sind sie (wie bei Handke) sogar tatsächlich der Realität entnommen. Sie verweisen aber immer nur auf funktionslose Begriffe. Deshalb ist die Frage unerheblich, ob sie tatsächlich der Wirklichkeit entstammen oder extra für das Buch erfunden wurden.

1.3.5 Der reale Schriftsteller erfindet den Erzähler.

Der reale Schriftsteller und der Erzähler sind zwei unterschiedliche Instanzen. Der Schriftsteller hat denjenigen erfunden, der die Geschichte erzählt. Schließen Sie niemals von Texten auf ihren Schreiber. Auch wenn Nabokov in der Ich-Form schreibt, hat er im Zweifel nichts mit seinem Romanhelden zu tun, der sich von einer minderjährigen *Lolita* (Nabokov, Vladimir: Lolita. Übersetzt von Helen Hessel. Reinbek: Rowohlt [1955] [17]1999) verführen lässt.

Also: Der Schriftsteller erfindet einen Erzähler. Gemein haben sie alles, manches oder nichts.

1.4 Handwerkliche Ansprüche an gut lesbare Texte

Es gibt schwierige Texte. Sie behandeln entweder ein kompliziertes Gedankengebäude oder sie sind so umständlich formuliert, dass wir sie am liebsten aus der Hand legen. Die Lehrer sagten uns früher, dass solche Texte wirklich wichtig seien. Deshalb müssten wir sie so oft lesen, bis wir sie verstanden hätten. Die Chance, dass *Sie* einen solch wichtigen Text schreiben, ist jedoch gering. Wer also möchte, dass seine Texte von *allen* Lesern bis zum Ende gelesen werden, der sollte sie attraktiv gestalten. Darum geht es in diesem Buch.

Also: Ihre Texte werden wahrscheinlich nur dann ganz gelesen, wenn sie für die Leser attraktiv sind. Was das genau bedeutet, besprechen wir noch.

1.4.1 Was ist angemessen?

Die Rhetorik ist bekanntlich die Kunst des guten Redens. Egal ob in gesprochener oder geschriebener Form: In der Antike galten für *jeden* Text die Regeln der Rhetorik. Ihre obersten Prinzipien heißen *aptum* und *decorum* – auf Deutsch: das Angemessene und das Geziemende. Schon damals wurde also gefordert, sich so auszudrücken, wie es dem Gegenstand der Rede zukommt. Kabarettisten und Satiriker erzielen ihre Lacher genau dadurch, dass sie gegen diese einfachen Regeln verstoßen. Sie bringen Dinge zusammen, die sich beißen, zum Beispiel einen Bundeskanzler, der furzt, einen Bischof in einem Bordell oder eine beliebte Schauspielerin mit Schweißfüßen. Das Thema Humor in Geschichten wird später noch ausführlicher erörtert.

Also: Texte sollten angemessen formuliert werden und nur anecken, wenn dies vom Schreiber beabsichtigt ist. **!**

1.4.2 Was bedeutet mittlere Stilebene?

Die alten Rhetoriker unterschieden drei Stilebenen: Den hohen Stil (*genus grande* oder *genus sublime*), den mittleren Stil (*genus medium* oder *genus mediocre*), den niederen Stil (*genus humile*). Die Stilebene hängt mit den Absichten des Redners zusammen.

Soll der Text vor allem *erfreuen* (lateinisch *delectare*) oder *rühren* (lateinisch *movere*), empfiehlt sich bis heute eine mittlere Stilebene. Will man hingegen einen überheblichen Menschen charakterisieren, legt man ihm Elemente des gehobenen Stils in den Mund. Gelegentlich wird er auf diese Weise gar *belehren* (lateinisch *docere, instruere*) – oder zumindest so wirken. Auch hier kann ein Stilbruch durch ein einziges Wort für Heiterkeit sorgen.

Also: Im Allgemeinen bevorzugen wir die mittlere Stilebene. Für harte Effekte sind jedoch Ausflüge in andere Stilebenen erlaubt. **!**

1.4.3 Die Stilideale

Die antiken Stil-Ideale sind schnell formuliert: *Reinheit*, *Klarheit*, *Kürze* – die Lateiner sagen: *Pu-*

ritas, Perspicuitas, Brevitas. Rein ist unsere Rede, wenn wir nicht die gewählte Stilebene verlassen, keine Oberbegriffe verwenden, immer das passende Wort benutzen. Klar ist unsere Sprache, wenn die Zuhörer alles verstehen, ohne dass ihnen irgendetwas deutlich gemacht werden müsste. Damit ist schon viel gewonnen. Aber noch attraktiver wird der Text, wenn er darüber hinaus kurz ist. Vermeiden Sie, weitschweifig alles zu erzählen, was sie erfahren haben, obwohl es für den Fortgang der Geschichte überhaupt nicht relevant ist.

! **Also**: Wir streben nach knappen, klaren, deutlichen Texten.

1.4.4 Leserfreundliche Texte sind attraktiv

Soweit ein kurzer Blick in die Antike. Aber was macht Texte *im dritten Jahrtausend* so attraktiv, dass sie von vielen Leuten gelesen werden? Die Antwort klingt banal: Im dritten Jahrtausend sind attraktive Texte *informativ*, *verständlich*, *spannend*, *wichtig* und *in sich stimmig*.

Der Text muss also unsere Neugier befriedigen (ja, die gibt es immer noch). Wir müssen alles verstehen, ohne irgendwo nachzuschlagen. Spannend ist ein Text, wenn ich ihn nicht aus der Hand legen will, bis ich ihn zu Ende gelesen habe.

Wichtig hingegen ist ein Text, wenn er mich emotional berührt oder wenn er Erkenntnisse enthält, die ich im richtigen Leben dringend brauchen kann. In sich stimmig bedeutet schließlich: Der Text muss sich an seine selbst gesetzten Regeln halten. Beispielsweise kann es zur inneren Wahrheit einer Geschichte gehören, dass die Uhren rückwärts laufen; dann kommen Züge immer an, bevor sie losfahren. In dieser Geschichte darf das aber nicht plötzlich unmotiviert anders sein. Wie das alles zu bewerkstelligen ist, sehen wir noch.

Also: Attraktive Texte sind informativ, verständlich, spannend, wichtig und in sich stimmig.

1.5 Übung: Schreiben Sie eine Presse-Mitteilung

Sie geben ein Hoffest. Dazu haben Sie eine stadtbekannte Sängerin mit Begleitband eingeladen. Der Eintritt ist frei. Informieren Sie die Presse über Ihre Absicht. Der Textumfang sollte höchstens 250 Zeichen betragen. Dazu kommt eine passende Überschrift sowie eine Unterzeile für Ort und Zeit. Schauen Sie noch einmal unter *1.1.2 Pressemeldung* nach. Der Text muss die 7 W-Fragen beantworten: **W**er tut **W**as? **W**ie? **W**o? **W**ann? **W**arum? **W**oher wissen wir das? Ein Tipp: Schreiben Sie möglichst kurze Sätze (mehr dazu erfahren Sie später).

Beispiel: Bitte notieren Sie den folgenden Termin für Ihren Veranstaltungskalender:

Musik zu Mandelbrot mit Manuela

Die Mandelsche Remise mischt seit zehn Jahren das Nussviertel auf. Das feiern wir mit einem Hoffest. Manuela Bulb heizt mit den Quietschnägeln ein. Es gibt Sekt, Selters, Kaffee, Mandelbrot und was sonst gewünscht wird. Der Eintritt ist frei.

Am 10.10. ab 10 Uhr 10 in der Mandelgasse 10.

Sie erhalten diese Information mit freundlichem Gruß von Marc Mandel, Mandelgasse 10, 01010 Mandeltal, Rückfragen-Telefon 010 1010101.

2 FUER LESBARE TEXTE BRAUCHEN WIR LESBARE WOERTER

In Westernfilmen der fünfziger Jahre trugen die guten Cowboys weiße Hüte, die bösen trugen schwarze. Das war einfach. Bei Wörtern ist das etwas schwieriger. Trotzdem kann man sagen, dass einige Wörter sich besser lesen, als andere.

Also: Wenn wir lesbare Texte schreiben wollen, kommt es zunächst auf die richtigen Wörter an. **!**

2.1 Der Schlag auf das Haupt-Wort

Beginnen wir mit den *Hauptwörtern*; manchmal heißen sie auch *Substantive* oder *Nomen*. Das sind die Begriffe, die wir in *Schlagwortverzeichnissen* nachschlagen. Grundsätzlich lesen sich aber kurze Wörter besser als lange. Deshalb gibt es heute *Telefonhäuschen* statt der *Öffentlichen Fernsprechzellen* unserer Eltern. Manche Sprach-'Verhunzer' lassen sich verlocken, viele Wörter zusammenzuhängen, sodass Ungetüme wie die *Donaudampfschifffahrtsgesellschaftskapitänswitwenrente* entstehen. Lässt sich eine gewisse Länge nicht umgehen, können lange Wörter deshalb mit einem Bindestrich geschrieben werden (die Drucker sagen *gekoppelt* werden) – zum Beispiel *Bundesliga-Termin*.

Wonach wir außerdem suchen, sind gebräuchliche Wörter. Weil sie verständlicher sind, auch wenn sie aus einer anderen Sprache kommen. So ist die *Apotheke* sicher geläufiger als der *Arzneimittel-Einzelhandel*. Wenn Fachleute unter sich eigene Spezialausdrücke verwenden, ist das in Ordnung. Aber wenn eine unserer Figuren die

Ohren eines Hasen *Löffel* nennt, müssen wir dem Leser sagen, was sie damit meint; dass es sich bei der Figur um einen Jäger handelt, weiß er dann ebenfalls.

Noch schwieriger ist es, Dialekt-Ausdrücke zu lesen. Wir bevorzugen in unseren Texten die Standardsprache. Dialektfärbungen von Figuren können angedeutet oder erwähnt werden.

Adjektive blähen den Text auf; darüber sprechen wir noch. Einige Adjektive können wir schon dadurch vermeiden, dass wir das *treffende* Hauptwort verwenden. Deshalb nennen wir einen *Rappen* nicht *schwarzes Pferd*. Überhaupt vermeiden wir Oberbegriffe, sagen also nicht *Hund*, wenn wir einen *Dackel* meinen.

Weil wir wissen, dass *kräftige Verben* unsere Sprache lebendiger machen, verwenden wir so viele wie möglich. Auch darüber sprechen wir noch. Jedenfalls machen wir keine Hauptwörter aus ihnen (wir *substantivieren* sie nicht, wie die Linguisten sagen). Verdächtig sind alle Substantive, die auf *-ung*, *-heit*, *-keit* oder *-ion* enden. Außerdem klingt es klarer, etwas zu *fälschen*, als eine *Fälschung* vorzunehmen. Unter dem Stichwort *Funktionsverbgefüge* werde ich dazu noch einiges anmerken.

Also: Kurze Wörter lesen sich leichter. Seltene Begriffe müssen erklärt werden. Wir vermeiden Dialekte und Oberbegriffe. Wörter, die auf *-ung*, *-heit*, *-keit* oder *-ion* enden, sind verdächtig, ein Verb zu verdrängen – eine Todsünde, die weder im Himmel noch auf der Erde vergeben wird.

2.2 Wir alle sind Täter

Schriftsteller sind Täter. Ihre wichtigste Wortart ist das *Tätigkeitswort* oder *Verb*. Früher hieß so etwas manchmal Tu-Wort. Das Verb ist zugleich das *Prädikat* eines Satzes, also seine *Aussage*. Die kräftigsten Verben bewegen etwas oder jemanden (*werfen, springen*). Sie machen die Sprache mündlicher, bildhafter, lebendiger, emotionaler. Auch hier gilt, dass kurze Wörter besser sind als lange, gebräuchliche besser als andere.

„Das Mädchen warf den Ball, das T-Shirt, die Schuhe und die Turnhose hinter sich." Das kann man sich kaum vorstellen. Bildhafter wäre: *„Das Mädchen schleuderte den Ball hinter sich. Das T-Shirt und die Schuhe flogen hinterher. Schließlich warf es noch die Turnhose auf den kleinen Haufen."* Wenn es möglich ist, sollte sich ein Verb auf nicht mehr als zwei Substantive beziehen. Zu diesem Nominalstil sage ich später mehr.

„Sehenden Auges ruhte ihr gelangweilter Blick auf dem laufenden Fernsehprogramm." Manche Wörter stoppen den Lesefluss. Sie entfernen die Gedanken vom Inhalt des Textes. Solche Stopper sind *Partizipialkonstruktionen* (*in gestelzter Rede, gewaschen, gesungen*). Weil sie Stopper sind, wollen wir sie vermeiden, wo es geht. Der obige Satz könnte beispielsweise lauten: *„Ihr war bewusst, dass Langeweile aus ihren Augen sprang, als sie auf das Fernsehbild starrte."*

Partizipien (Mittelwörter) werden für grammatikalische Konstrukte gebraucht. Für die *Vollendete Gegenwart (das Perfekt)* und die *Vollendete Vergangenheit (das Plusquamperfekt)* brauchen wir das *Partizip Perfekt (Mittelwort der Vergangenheit)*. Deshalb heißt es: „Ich habe gegessen (*Perfekt*) und bin satt (*Präsens* oder *Gegenwart*).

„Er öffnete (*Präteritum* oder *Vergangenheit*), nachdem sie geläutet hatte (*Plusquamperfekt*)." Weiter unten gehe ich mit einem kleinen Exkurs noch ausführlicher darauf ein.

Als weiterer Stopper zeigt sich der übertriebene Gebrauch der grammatikalischen Zukunft. Die Figurenrede *„ich fahre morgen"* klingt viel mündlicher als *„ich werde morgen fahren"*.

Ähnlich wirken *hatte* und *war,* wenn sich *Plusquamperfekt*-Konstruktionen (in der *Vollendeten Vergangenheit*) häufen: *„Er hatte das Brot fast gegessen bevor er den Schimmel gerochen hatte und es fallen ließ."* (Hatte er es womöglich schon fallen gelassen?) Besser: *„Als er das Brot fast gegessen hatte, roch er den Schimmel und ließ es fallen."*

Eine weitere Sünde gegen lesbaren Text sind *Funktionsverbgefüge*. Sie hießen früher *Streckverben,* weil sie vor allem die Sätze verlängern. Statt *„zur Anzeige bringen"* schreiben wir einfach *„anzeigen"*, statt *„Übereinstimmung bestehen"* schreiben wir *„übereinstimmen"*, statt *„einer Prüfung unterziehen"* schreiben wir *„prüfen"*, statt *„Nachricht geben"* schreiben wir *„benachrichtigen"*.

Exkurs: Modalverben

Um eine Tat näher zu bestimmen, nutzen wir Modalverben wie *mögen, dürfen, können, wollen, sollen, müssen.* Sie sollten so oft wie möglich vermieden werden. Wenn wir sie benutzen, müssen sie begründet sein. Bevor Sie eines verwenden, machen Sie sich bitte den genauen Sinn klar:

mögen etwas bevorzugen
dürfen zu etwas die Erlaubnis haben
können zu etwas fähig sein

wollen etwas begehren
sollen zu etwas verpflichtet sein.
(Das bedeutet: wenn es nicht möglich ist, muss es begründet werden.)
müssen zu etwas gezwungen werden

Im Gegensatz dazu können einige Vollverben wie *lieben, wünschen, begehren* modal mit *zu* gebraucht werden; das klingt aber meistens sperrig: *„Ich liebe es, zu rauchen; ich wünsche zu speisen; ich begehre es, die Kirschen zu essen.*"

Also: Je häufiger wir Verben verwenden, umso mündlicher und bildhafter wird unsere Sprache. Kaum ein *Verb* kann mehr als zwei *Substantive* tragen. *Partizipien* stoppen den Lesefluss. Wir vermeiden *Funktionsverbgefüge*. Auf *Modalverben* verzichten wir so oft wie möglich.

2.3 Vom Steigern

Wollen wir Eigenschaften näher bestimmen, benutzen wir Adjektive oder Eigenschaftswörter. Grob unterscheiden wir zwei Arten: *Attribute* beziehen sich auf ein *Substantiv* (das *herrliche* Schlafzimmer), *Adverbien* beziehen sich auf ein *Verb* (das Mädchen singt *herrlich*). Auf beide kann man oft verzichten. Kinder sind meistens *klein*, Autos sind meistens *bequem*, Schläger sind meistens *brutal*, Opernstars singen meistens *schön*, Raser fahren meistens *schnell*, Uhren ticken meistens *laut*. Mit solchen Wörtern sollten wir unseren Text nicht aufblähen. Gleiches gilt für Chöre, die *harmonisch* klingen; Sportler, die *hoch* springen; Peitschen, die *laut* knallen. Schweigen wollen wir von *schuldigen Opfern, menschlichen Mördern, gezügelten Ausschweifungen, fremden-*

freundlichem Rassismus, dunklem Sonnenschein. Solche *Oxymorone* (Begriffe aus zwei Wörtern, die sich ausschließen), wie Hassliebe oder Flüssiggas, sind nur in einem humoristischen Kontext sinnvoll. Die Zeit unserer Leser ist kostbar.

Gelegentlich wollen wir aber Eigenschaften miteinander vergleichen („der Junge singt *schöner* als das Mädchen"). Diese Steigerungsform heißt *Komparativ* und ist manchmal unverzichtbar. Meistens können wir jedoch auf den *Superlativ* verzichten: „Sie war das *schönste* Mädchen der Straße."

Regelrechte Stopper können *Adjektive* darstellen, die aus *Partizipien* gebildet wurden. Vielleicht sind sie gerade deshalb so häufig in Titeln anzutreffen, weil sie unsere Aufmerksamkeit erheischen: das Lustspiel *Der zerbrochene Krug von Heinrich von Kleist,* der Spielfilm *Geraubte Küsse* (Fr 1968), die Millöcker-Operette *Das verwunschene Schloss, Der geköpfte Hahn* (Schlattner, Eginald: Der geköpfte Hahn. Wien: Zsolnay 1998). In Fließtexten sind sie unerwünscht.

Exkurs: Partizipien

Partizipien wurden bereits erwähnt. Es sind *Mittelwörter,* mit denen wir kompliziertere grammatikalische Formen basteln. Jedes Verb hat eine *Grundform* (*Infinitiv*), zum Beispiel *springen, schreien.* Das *Perfekt* (die *Vollendete Gegenwart*) bilden wir mit einer gebeugten Form von *haben* oder *sein* und dem *Partizip Perfekt*, zum Beispiel *er ist gesprungen, sie hat geschrien.* Ähnlich bilden wir das *Plusquamperfekt* (*die Vollendete Vergangenheit*) *er war gesprungen, sie hatte geschrien.* Für die *Verlaufsform* gibt es noch das *Partizip Prä-*

sens (das *Mittelwort der Gegenwart*), beispielsweise *springend, schreiend*.

Also: Wir vermeiden so oft wie möglich *Eigenschaftswörter*. Stopper sind adverbial oder adjektivisch gebrauchte *Partizipien*.

2.4 Für jede Zahl ist zu zahlen

Die Duden-Regel, wie Zahlen geschrieben werden, klingt einfach: Wir zählen bis zwölf und schreiben 13 in Ziffern. Manche Schriftsteller machen es sich noch leichter, indem sie alle Zahlen mit Buchstaben schreiben.

Hier zwei bewährte Ausnahmen von der Duden-Regel, die Wolf Schneider in *Deutsch für Profis* nennt (Schneider, Wolf: Deutsch für Profis. Wege zu gutem Stil. München: Goldmann 2001): Geschätzte Zahlen schreiben wir in Buchstaben. Wenn im Text von 3.000 Zuhörern die Rede ist, denkt mancher Leser, dies sei eine exakte Zahl. Ist sie nur geschätzt, sollten wir *dreitausend* schreiben. Wenn wir Werte miteinander vergleichen, sollten sie auch gleich geschrieben werden. Zum Beispiel: Dass die *Zwölfjährigen* nicht so gut abschneiden wie die *Dreizehnjährigen*, ist verständlich.

Also: Wenn die obigen Regeln Ihnen zu abstrakt sind, schreiben Sie einfach alle Zahlen in Buchstaben.

2.5 Der Appetit kommt beim Essen – oder beim Vorlesen

Wenn wir etwas lesen oder hören, formen sich die Wörter im Kopf zu Begriffen. Doch das Unterbewusstsein begnügt sich nicht mit dem Schriftbild allein, es hört den Rhythmus der Sprache; Silben, die sich heben und senken; Satzzeichen, die eine Satzmelodie formen. Manch einer ist erstaunt, wenn er zum ersten Mal erlebt, wie sein Text vorgelesen wird. Kommen Sie Ihren Lesern zuvor. Lesen Sie sich Ihre eigenen Texte laut vor. Und wenn sich bei komplizierten Ausdrücken die Zunge zu verknoten scheint, streichen Sie den Ausdruck. Ersetzen Sie ihn durch einen schlichteren Begriff. Wo es klappert, muss gefeilt werden.

Also: Ob ein Text klingt, hört man nur beim Vorlesen.

2.6 Das Mitgedachte

Für das Mitschwingen von Nebenbedeutungen haben die Sprachwissenschaftler das Wort *Konnotationen* erdacht. Figuren, die oft von *Schuld* sprechen, von *Sühne*, von einem *Opferlamm* oder einem *Sündenbock*, haben meist ein besonderes Verhältnis zu einer bestimmten Religion. Statt vom *Schuldigen* sprechen einige Juristen vom (neutraleren) *Verursacher*; statt von der *Sünde* sprechen sie vielleicht vom neutraleren *Vergehen*. Dass es sich hier nicht um neutrale Begriffe handelt, erkennen wir sofort, wenn wir bei der *Virginität* von *Unschuld* sprechen. Belädt sich denn ein weibliches Wesen (und nur dieses!) mit Schuld, wenn die *Jungfräulichkeit* endet? Oder denken Sie an einen Anschlag. Dabei werden immer ‚unschuldige' Menschen getötet. Werden denn bei einem Verkehrsunfall vielleicht *schuldige* Menschen getötet? Wieder ein Adjektiv, auf das wir gern verzichten; zumal es falsche Assoziationen weckt.

Also: Bei manchen Ausdrücken schwingt für viele eine Nebenbedeutung mit, weswegen wir in neutralen Erzähltexten vorsichtig damit sein müssen. Dass Figuren bestimmte Charaktereigenschaften gerade durch *Konnotationen* verraten, sehen wir später noch.

2.7 Wenn etwas ganz Anderes gemeint ist

Als *Tropen* bezeichnen wir den Streifen um den Äquator, über dem sich die Sonne wendet. Deshalb werden auch die *Wendungen* in der Sprache *Tropen* genannt. Sie wenden den Sinn um, meinen also etwas Anderes, als gesagt wird. Die wichtigsten sind die *Metaphern*, die *Metonymien* und die *Synekdochen*.

Metaphern sind sprachliche Bilder (*„er kann mir den Buckel runter rutschen"* statt *„er ist mir egal"*). Eigentlich sind es Vergleiche ohne das erklärende wie dazwischen. Die meisten kommen in der *unteren Stilebene* vor (*genus humile*): *„Er hat ins Gras gebissen"* statt *„er ist verstorben"*, oder *„er war spitz wie Nachbars Lumpi"* statt *„er war sexuell erregt"*. Viele sind vom Zeitgeist geprägt und altern schnell: Was ein *Halbstarker* ist oder ein *steiler Zahn*, können Menschen unter fünfzig kaum noch sagen. Auch Ausdrücke wie *hackezu*, *sturzbesoffen* oder *grottenvoll* sind kaum noch zu hören. Dafür hören wir heute Wörter wie *spicy*, *Typ* oder *Tussy*.

Eine *Metonymie* verschiebt den Sinn einer Aussage (*„Wo stehst Du"* statt *„Wo steht Dein Auto?"*). Die *Synekdoche* (Plural: *Synekdochen*) wird von einigen Sprachwissenschaftlern als Spezialfall der Metonymie angesehen; sie benennt *einen Teil für das Ganze* (*pars pro toto* – „ein Bier *pro Nase*" statt *„pro Person“*) oder ein Ganzes für einen Teil (*totum pro parte* – *„Deutschland ist Weltmeister“* statt die *„DFB-Elf ist Weltmeister“*).

Solche *uneigentlichen Ausdrücke* sind in neutralen Texten unerwünscht, weil sie dem Sprachwandel besonders stark unterworfen sind. Kühne Metaphern sind erwünscht, müssen sich aber den (meisten oder allen) Lesern erschließen (*„Sie ist eine amerikanische Angela Merkel“*).

Grundsätzlich sind Metaphern nur in einer gewissen Zeit in einem bestimmten Kulturkreis verständlich. Wenn wir beispielsweise bei Immanuel Kant (1724-1804) lesen, dass ihm gelegentlich *Leute dieser Art aufstoßen*, meint er damit lediglich, dass sie ihm (neutral) *begegnen*. Im Adelung (Adelung, Johann Christoph, Churfürstl. Sächs. Hofrathe und Ober-Bibliothekar: Grammatisch-kritisches Wörterbuch der Hochdeutschen Mundart, mit beständiger Begleichung der übrigen Mundarten, besonders aber der Oberdeutschen. Mit Röm Kais., auch K. K. und Erzh. Oesterr. gnädigsten Privilegio über gesammte Erblande. Zweyte vermehrte und verbesserte Auflage. Leipzig bey Johann Gottlob Immanuel Breitkopf und Compagnie 1793) heißt es deshalb unter *Aufstoßen*: Figürlich, *begegnen. Es möchte mir vielleicht noch ein witziger Kopf aufstoßen.* Hoffentlich stößt Ihnen dieses Zitat nicht *sauer* auf.

Ähnliches gilt für die *Metonymie* (*„Wo stehst Du?“*) und die *Synekdoche* (*„Trink noch ein Glas“*). Auch sie verweisen auf den jeweiligen Zeitgeist.

Hierhin gehört noch die Ironie: Sie sagt immer das Gegenteil dessen, was gemeint ist. („Die sieht aber heiß aus.“) Die Grundregel lautet: Ironie wird stets von weniger Lesern verstanden, als der Schreiber glaubt. Lassen Sie es.

Also: Uneigentliche Wendungen sollten nur gebraucht werden, um einen bestimmten Zeitgeist zu dokumentieren. Deshalb fallen sie aus dem Erzähltext meist heraus. In der Figurenrede sind sie jedoch vielleicht sogar ein Erkennungsmerkmal. Es lohnt sich aber immer, witzige Vergleiche zu erfinden: *„Seine Aussage war von der Wahrheit so weit entfernt wie ein Raubtier von meiner Miezekatze."*

2.8 Übung: Schreiben Sie eine Kurz-Rezension

Der Leser erwartet von einer Rezension, dass sie ihm sagt, ob sich das Lesen lohnt. Analog gilt dies auch, wenn Filme oder CDs besprochen werden. Der Verlag bietet meistens eine kurze Inhaltsangabe an (Klappentext). Dies ist keine Rezension, da sie nur etwas über das *Was*, aber nichts (oder nur selten etwas) über das *Wie* aussagt.

Besprechen Sie ein Buch oder einen Film. Dabei spielt es keine Rolle, ob Sie begeistert waren oder Ihnen das Werk missfallen hat. Schreiben Sie kurze Sätze. Der Textumfang beträgt höchstens 1000 Zeichen oder eine halbe Seite. Wenn Sie einen Redakteur dazu überreden können, Ihre Kurz-Rezension abzudrucken, schreiben Sie im nächsten Versuch eine Rezension mit 2000 Zeichen.

Beispiel: Siebzehn Silben Freude

Der Postbote Bilodo aus Montreal liebt Handschriften. Heimlich öffnet er am Abend einen Brief, der von der Lehrerin Ségolène aus Guadelupe stammt und an den Professor Grandpré gerichtet ist. Die beiden schicken sich Haiku, siebzehnsilbige Gedichte. Die Briefeschreiber fangen in nur siebzehn Silben eine Ewigkeit ein. Sie machen Bilodo süchtig. Immer wieder fängt er nun Ségolènes Briefe ab, bevor er sie an den Empfänger weiterleitet. Bilodo verfällt jedoch nicht nur den Haiku, sondern ebenso Ségolène.

Denis Thériault gelingt es, die zunächst beschauliche Atmosphäre des Briefträger-Bezirkes mit immer neuen Spannungsbögen aufzuladen. Saskia Bontjes van Beek hat die Erzählung feinfühlig ins Deutsche übertragen. Nur widerwillig legt der Leser die Geschichte vor der letzten Seite aus der Hand. Dabei tauchen im Text immer wieder diese kleinen japanischen Lyrik-Kunstwerke auf. Kein Wunder, dass auch die Leser schon bald vom Strudel ‚Haiku' mitgerissen werden.

Die fiktive Romanze zerreißt, als der Professor jäh umkommt. Bilodo gelingt es, die Wohnung des Professors zu mieten, und schon bald schreibt Bilodo selbst in der Maske des toten Grandpré; in den siebzehn Silben, die er mit Ségolène tauscht, lodern Flammen nach Guadelupe. Bis sie ihren Besuch ankündigt.

Thériault, Denis: Siebzehn Silben Ewigkeit. Übertragen aus dem Französischen von Saskia Bontjes van Beek. München: dtv 2011.

Entspannen Sie sich – Agathe Christie

Er schaute auf die Uhr. Dann klappte er das Buch zu. Ungefähr konnte er sich das Ende nun vorstellen. Morgen würde er es zu Ende lesen. Er freute sich schon auf das nächste Werk von Agathe Christie. Sie war seine derzeitige Favoritin unter den Krimi-Autorinnen.

Seit drei Monaten hatte er an jedem Werktag

das gleiche Programm: Er ging um zehn vor sieben aus dem Haus, um mit dem Bus in die Stadt zu fahren. Die Zeitung kam erst um halb acht. Aber die hatte Zeit bis zum Nachmittag. Pünktlich um acht war er beim Arbeitsamt. Dort sah er in den Computer mit den offenen Stellen, schrieb sich die eine oder andere Adresse heraus, suchte die jeweilige Anschrift auf, holte sich eine Absage.

Nach diesen Vorstellungsgesprächen ging er in die Stadtbücherei. Anfangs besuchte er täglich irgendwelche potenziellen Arbeitgeber. Doch jetzt kam das nur noch ein- bis zweimal in der Woche vor. So kam er früher in die Bibliothek.

Dort setzte er sich in den Lesesaal bis um halb eins. Mittagspause. Im Park aß er die mitgebrachten Brote und trank Kaffee aus der Thermoskanne. Um eins ging er zurück und las weiter.

Er nahm immer um zehn nach vier den Bus nach Hause. Dort ließ er sich von Hilde das Essen servieren und erzählte, dass er wieder einen harten Tag in der Bunn AG hinter sich gebracht habe.

Irgendwann würde er ihr sagen müssen, was los war. Aber er brachte es nicht übers Herz. Bereits vor drei Monaten hatte die Fabrik ihre Tore geschlossen. Vielleicht war er einfach zu stolz, seine Arbeitslosigkeit zuzugeben.

Oft hatte er sich gefragt, was geschähe, wenn er es ihr sagte. Ob sie ihn verachtete, weil er nun auch zu den ‚Faulenzern' gehörte, die es sich bequem machten im ‚Freizeitpark' auf Kosten der Anständigen, die morgens aufstanden und arbeiteten? Ob sie ihm eine Szene machte, ihn womöglich sogar verließ?

Er hatte das Rauchen aufgegeben. Ging nicht mehr zum Kegeln. Auch nicht mehr zum Fußball.

So konnte er Hilde immer noch das Haushaltsgeld in voller Höhe geben. Die Raten für das Auto hatte die Kreditversicherung der Bank vorgeschossen.

Eines Tages würde er es Hilde sagen müssen, aber jetzt noch nicht. Am besten wäre, wenn er einen neuen Job fände. Dann könnte er ihr sagen, dass es ihm bei der Bunn AG nicht mehr gefalle. Er wolle einfach mal wechseln.

Doch es war ihm bisher noch nicht gelungen, etwas Neues zu finden. Der Mann vom Arbeitsamt hatte gesagt, es läge vor allem daran, dass er fast fünfzig sei. Das hatte ihn wütend gemacht. Doch mittlerweile wusste er, dass der Mann Recht hatte.

Wenn er nur wüsste, wie Hilde reagierte, wenn sie es erführe.

Hungrig schloss er die Türe auf. Aus der kleinen Wohnung duftete es nach Spaghetti mit Hackfleisch-Soße.

„Setz Dich, Schatz, das Essen ist gleich fertig." Sie küsste ihn auf die Wange.

Auf dem Tisch lag die Zeitung. Er griff danach – und ließ sie sofort wieder fallen. Die Schlagzeile war so groß gedruckt, dass er sie noch aus diesem Abstand lesen konnte: „Ehemaliges Bunn-Gebäude gesprengt".

Bedächtig schloss er die Augen. Verdammt. So hatte sie es nicht erfahren sollen, so nicht. Warum hatte er es ihr bloß nicht früher gesagt?

Oft hatte Hilde von gegenseitigem Vertrauen gesprochen; das lag jetzt zerschmettert in Form einer Schlagzeile auf dem Tisch. Wie sollte er ihr das erklären?

Er versuchte die Tränen zu unterdrücken und wischte sich mit einem Taschentuch über die Augen.

Hilde stand vor ihm.

Sie stellte eine Flasche Bier und zwei Gläser ab.

Wortlos quetschte sie sich auf seinen Schoß und umarmte ihn: „Na Junge, gibste mir 'n Schluck Bier ab? Ich glaub', den können wir jetzt beide brauchen."

3 NORMALOS UND NORMALE NORMEN

Für den Inhalt einer Geschichte ist nichts so schädlich wie das Normale. Betrachten wir jedoch die Form, sind Normen so etwas wie die Kleiderordnung der Branche. Die meisten von uns haben sich an die neuen Rechtschreibregeln gewöhnt. Und auch, wenn einige bekannte Schriftsteller die Reformen der neunziger Jahre ablehnen: Professionelle Schreiber halten sich an die geltende Norm – weil sie darauf angewiesen sind, gelesen zu werden. Im Zweifel helfen Nachschlagewerke wie der Duden, die Sie auch im Internet finden. Wer berühmt ist, kann sich seine Rechtschreibfehler natürlich von fähigen Lektoren neutralisieren lassen – diesen Dienst nahm ja bereits Altmeister Goethe in Anspruch.

In diesem Kapitel gehe ich kurz auf die häufigsten Fehlerquellen ein. Wer für sich die Gebiete Zeichensetzung, Rechtschreibung, Grammatik vertiefen will, findet Hinweise auf einschlägige Fachliteratur, beispielsweise aus dem Duden-Verlag.

3.1 Zeichensetzung

Um Texte lesbarer zu machen wurden die Satzzeichen erfunden.

3.1.1 Doppelte Anführungszeichen

Wörtliche Rede steht in *doppelten Anführungszeichen* (*Gänsefüßchen*). Dies gilt auch für Gedanken.

Petra sagte: „Guten Morgen."

Ein eingeschobener Nebensatz wird mit einem Komma hinter den Gänsefüßchen abgetrennt; nach dem eingeschobenen Nebensatz stehen ein *Komma*, ein *Leerzeichen* und dann das *öffnende Anführungszeichen* für die wörtliche Rede.

„Kein schöner Morgen", dachte Petra, „er raucht schon wieder."

Kommt nach der wörtlichen Rede noch ein Nebensatz, der mit einem Komma abgetrennt wird, steht das Komma *hinter den Gänsefüßchen.*

„Das wünsche ich Dir auch", sagte Peter. „Nimm' Dir Kaffee!"

Fragezeichen stehen *innerhalb* der Anführungszeichen.

Petra fragte: „Wie geht es Dir denn?"

Nach der Frage wird der eingeschobene Nebensatz am Anfang klein geschrieben.

„Willst du das wirklich wissen?", fragte Peter, „ich rate davon ab."

Also: Wörtliche Rede steht in doppelten Anführungszeichen.

3.1.2 Einfache Anführungszeichen

Der einfache *Anführungsstrich* (das Hochkomma) kann *‚sogenannt'* (in allen Deklinations-Formen) ersetzen:

Petra sprach weiter: *„Er nahm ein ‚Hämmerchen' aus der Tasche, wie Klavierstimmer ihren Ringschlüssel nennen."*

Außerdem werden damit Begriffe (also Inhalte) gekennzeichnet:

Das Wort hound-dog bedeutet bei ihm ‚Angeber'.

Also: Einfache Anführungszeichen ersetzen ‚sogenannt' oder bezeichnen Begriffsinhalte.

3.1.3 Punkt, Strichpunkt, Komma, Strich

Sätze enden mit einem Punkt. Eine Ausnahme ist die Überschrift oder das *Motto*. Satzteile werden mit einem Komma abgetrennt.

Paul rannte zu Eva. Sie zuckte zusammen, bevor er sie berührte.

Gelegentlich kann zum Abtrennen auch der *Gedankenstrich* (Halbgeviert-Strich) verwendet werden – vor allem, wenn der Sinn sich ändert. [In Textprogrammen erreicht man ihn meist, indem man die Steuerungstaste (STRG) gleichzeitig mit dem Minuszeichen oben rechts drückt.]

Erdbeeren müssen frisch sein – besonders, wenn sie gegrillt werden.

Der *Strichpunkt* (das *Semikolon*) trennt zwei gleichrangige Sätze, die inhaltlich zusammengehören. Der *Strichpunkt* trennt weniger als ein *Punkt*, aber mehr als ein *Komma*. Danach wird klein weitergeschrieben.

Die Frauen folgten ihm; die Männer blieben sitzen.

Ein *Ausrufezeichen* (*Exklamationszeichen*) steht, wenn auf Wichtiges hingewiesen wird.

„Er benutzte einen Füllfederhalter (!) zum Schreiben."

Gelegentlich werden damit auch Befehlssätze abgeschlossen. Glücklicherweise kommt das aus der Mode.

„Herein!", rief die Sekretärin. (Hier empfehle ich, auf das Ausrufezeichen zu verzichten: „Herein", rief die Sekretärin.)

Fragen enden immer mit einem Fragezeichen.

Sollte er es wirklich tun?

Also: Sätze enden mit einem Punkt; Fragen mit einem Fragezeichen. Satzteile werden mit einem Komma angeschlossen – gelegentlich auch mit einem Gedankenstrich. Das Semikolon trennt zwei

Hauptsätze, die zusammengehören. Das Ausrufezeichen weist auf Wichtiges hin.

3.2 Rechtschreibung

Die halbherzig durchgeführte Reform der neunziger Jahre konnte sich mittlerweile etablieren. Es gibt aber immer noch Stolpersteine.

3.2.1 Das ß wurde nicht abgeschafft

Nach langem Vokal und Diphthong steht *ß*. (Ein *Diphthong* ist ein Doppellaut aus zwei Vokalen.) Die Regel klingt einfacher, als sie ist. Sie setzt nämlich die hochdeutsche Standardaussprache voraus; Dialektsprecher haben damit manchmal Probleme.

Maß, Schoß, gießen, äußern

Aber: *muss, messen, Kuss, besser*

Also: Nach langem Vokal steht *ß*.

3.2.2 Das Doppel-s ist immer noch schwierig

Nach kurzem Vokal steht ss – auch bei Deklinationen/Konjugationen.

Ross, Schluss, müssen, fassen

Bei *dass* prüfen wir, ob es durch *dieses* oder *welches* ersetzt werden kann. Ist dies der Fall, streichen wir ein *s* und schreiben *das.*

Das Los war hart, das sie mit ihm teilte. [Dieses Los war hart, welches sie mit ihm teilte.]

Also: Nach kurzem Vokal schreiben wir ein *Doppel-s.*

3.2.3 Im Zweifel setzen wir einen Bindestrich.

Koppeln nennt der Drucker das Setzen eines Bindestrichs. [Der Bindestrich liegt auf der Computertastatur neben der rechten Umschalttaste oder als 'Minus' auf dem Ziffernblock.] Er wird immer benutzt, wenn ein Wort sonst zu lang oder mehrdeutig wäre.

Zeitungsträger-Fahrrad, Tee-Ei, Bischofs-Stab, Ur-Instinkt

Also: Gekoppelt wird, wenn ein Wort sonst zu lang oder mehrdeutig wäre.

3.2.4 Hauptwörter werden großgeschrieben

Hauptwörter heißen woanders auch Nomen oder Substantive. Weil sie groß geschrieben besser lesbar sind, sollten wir im Zweifel großschreiben.

Gut und Böse, eine Fahrt ins Blaue, die Nacht in Blau, etwas Kühles, im Großen und Ganzen, im Allgemeinen, im Voraus

Also: Im Zweifel schreiben wir Substantive groß. !

Empfohlene Literatur: Duden – Die deutsche Rechtschreibung: Das umfassende Standardwerk auf der Grundlage der aktuellen amtlichen Regeln. Band 1. Mannheim: Bibliographisches Institut ^{26}2014.

3.3 Sprachlehre

Ich stimme Ihnen zu, dass dies kein besonders spannendes Thema ist. Trotzdem nachfolgend einige Gedanken zu einem wahrhaft weiten Feld.

Empfohlene Literatur: Hoberg, Rudolf: Der kleine Duden. Deutsche Grammatik. Eine Sprachlehre für Beruf, Studium, Fortbildung und Alltag. Band 4. Mannheim: Bibliographisches Institut ^{4}2009.

3.3.1 Passiv-Konstruktionen

Passiv-Konstruktionen machen die Sprache dunkel, weil nicht gesagt wird, wer aktiv ist. Sie sind überhaupt nur zulässig, wenn die Täter nicht genannt werden sollen oder können. Statt: *Die Post wurde zugestellt*, deutlicher: *Der Briefträger brachte die Post*.

Also: Wenn möglich, vermeiden wir Passiv-Konstruktionen.

3.3.2 Vorsicht bei Konjunktiven und indirekter Rede

Für die indirekte Rede nutzen wir die Form des *Konjunktivs* (*Möglichkeitsform*). Das ist eine schwierige Form, weil es nicht für alle Verben echte‘ Konjunktive gibt.

Abhilfe schafft die wörtliche Rede, zumal sie dramatischer klingt. Statt: *Er sagte, er ginge jetzt*, besser: *Er sagte: „Ich gehe jetzt.“*

Abhilfe schafft aber auch der Konjunktiv mit *würde* – dann wird er aber noch sperriger (*Er sagte, er würde jetzt gehen*). Außerdem ist *würde* nicht erlaubt, wenn der Satz mit *wenn* anfängt. Wie wir im obigen Beispiel sehen, klingt die indirekte Rede also immer schwerfälliger als die direkte.

Also: Wir bevorzugen die wörtliche Rede und nutzen den Konjunktiv so selten wie möglich.

3.3.3 Perspektivenwechsel

Meistens haben wir es ja mit einem Erzähler zu tun, der sozusagen über der Geschichte schwebt. Gelegentlich wird aber aus der Sicht einer bestimmten Figur geschrieben. Dann erfahren wir auch ihre Gedanken. Sollte es nötig sein, die Perspektive zu wechseln, muss das dem Leser deutlich gemacht werden.

Also: Für den Leser muss immer klar sein, *wer* erzählt.

3.3.4 Wir vermeiden doppelte Verneinungen

In der Logik kann man durch eine doppelte Verneinung etwas Bejahendes besonders betonen (*es ist unmöglich, nicht zu sterben*). Aber für viele Leser ist nicht klar, was gemeint ist, wenn es heißt: *„Die Ablehnung Ihres Antrages wird aufgehoben"* – dann wird der Antrag nämlich angenommen. Und wenn ein Süddeutscher sagt: *„Ich hab' kein Geld nicht"* bedeutet dies nicht, dass er welches hat. Machen Sie es Ihrem Leser leicht, indem Sie möglichst gar nichts verneinen.

Also: Wir vermeiden möglichst, etwas zu verneinen. Doppelte Verneinungen sind oft unverständlich und deshalb unerwünscht.

3.4 Zeichentheorie

Wir haben bereits gesehen, dass Sprache grundsätzlich zeichenhaft ist. Die gesprochene Sprache setzt sich aus *Phonemen* zusammen.

Ein *Phonem* ist die kleinste bedeutungsunterscheidende Einheit in der Sprache (im Gegensatz zum *Laut* oder *Phon*). Beispielsweise rollen manche das *r* im Mund vorne, andere sprechen es hinten (ein *Zäpfchen-R*). Es gibt also zwei verschiedene *r-Phone*, aber nur ein *r-Phonem*.

Die kleinste bedeutungstragende Einheit in der geschriebenen Sprache ist das *Morphem*. Das *Grund-Morphem* des Verbs schreiben lautet beispielsweise *schreib*. Gemeinsam mit dem *Funktions-Morphem en* bildet es den *Infinitiv* von schreiben.

Der Amerikaner Charles Sanders Peirce (1839-1914, Begründer der *Semiotik*) hat drei Arten von Zeichen unterschieden:

Das *Ikon* (Plural: die *Ikone*) hat eine gewisse Ähnlichkeit mit dem, was es bezeichnet. Gehäuft finden wir *Ikone*, wo nicht immer die gleiche Sprache gesprochen wird, also auf Flughäfen, in Bahnhöfen und ähnlichen Einrichtungen. Damit wird der Fluchtweg gewiesen, aber auch der Weg zur Toilette, zum Telefon oder zur Information.

Der *Index* (Plural: die *Indices*) ist ein Anzeichen. Er kann auf etwas hinweisen, muss es aber nicht. So signalisiert uns Rauch, dass es irgendwo ein Feuer gibt. Wenn die Straße nass ist, könnte es geregnet haben. Typisch für den *Index* ist, dass er mehrere Ursachen haben kann, weswegen er nicht so zuverlässig ist, wie beispielsweise das *Ikon*.

Das *Symbol* (Plural: die *Symbole*) steht für etwas Anderes. Auf diese Zuordnung hat sich irgendwann einmal eine Gruppe Menschen geeinigt; der Sprachwissenschaftler sagt: Es wurde *konventionalisiert*. Darüber hinaus gibt es keinen zwingenden Grund für diese Zuordnung; das nennt der Linguist *arbiträr*. So steht das Kreuz für das Christentum, der fünfzackige Stern für das Judentum. Auch ein Nationalfeiertag wie der dritte Oktober ist ein *Symbol*; er hätte ebenso auf einen ganz anderen Tag gelegt werden können. Alle sprachlichen Zeichen sind Symbole. Entschlüsseln kann sie nur, wer weiß, was sie bedeuten. Die Zuordnung ist in den Sprachen verschieden.

Also: Sprachliche Zeichen sind Symbole, weil sie konventionalisiert (abgesprochen) und arbiträr (unmotiviert) sind.

3.5 Übung: Beschreiben eines Ereignisses

Wenn irgendetwas geschieht, sprechen wir von einem *Geschehen*. Handelt es sich nicht um einen alltäglichen Vorgang, sprechen wir von einem *Ereignis*. Schauen wir uns beispielsweise an, wie nüchtern geschildert wird, dass eine Frau die Hotelbar betritt.

Eva setzt sich auf den Barhocker. Der Barmixer hebt die Augenbrauen. Sie bestellt einen Hugo. Ihr Blick wandert über ein Dutzend Gäste, die sich an den Tischen verteilt haben, allein oder paarweise. Der Pianist klappt den Deckel von der Tastenreihe des Flügels. Die Tür geht auf. Ein Mann tritt ein; etwa vierzig, Anzug, Krawatte. Er sieht sich um, bevor er den Platz neben Eva ansteuert. Dort bestellt er ein Pils.

Wie wird aus diesem gewöhnlichen Geschehen ein *Ereignis*? Indem die nicht-alltäglichen Gesichtspunkte des Geschehens hervorgehoben werden. Dazu muss der Berichterstatter natürlich etwas ausführlicher werden. Außerdem wird die Geschichte mit (vom Leser) unerwarteten Details unterfüttert.

Werden wir etwas ausführlicher: ‚*Als Eva die Tür öffnet, sieht sie im Blaulicht nur das weiße Hemd eines Mannes, der an der Theke steht.*‘

Haben wir schon etwas über den Geruch gesagt? ,*Der leicht säuerliche Geruch von verschüttetem Sekt steigt ihr in die Nase.*'

Sagen wir etwas über das Licht, das wirkt bedrohlicher: ,*Nach ein paar Sekunden kann sie sich im Halbdunkel der Hotelbar einigermaßen orientieren.*'

Haben wir schon etwas über die Geräusche gesagt? ,*Sanfte Jazz-Klänge überdecken die leisen Gespräche der Gäste.*'

Fühlt sie sich beobachtet? ,*Von der Theke her beobachtet sie der Herr im Smoking.*'

Was hat Eva eigentlich an? ,*Hätte sie bloß nicht die hochhackigen Schuhe angezogen. Sie stelzt in seine Richtung.*'

Was könnte Eva ein bisschen Angst einjagen? ,*Bei dem Versuch, mit geschlossenen Knien einen Hocker zu erklimmen, rutscht das ungewohnt kurze Kleid nach oben.*'

Normalerweise proben Frauen das ,Hinsetzen' mit einem kurzen Kleid (möglicherweise vor einem Spiegel). Eva hat das nicht getan; sie wusste nicht, wie hoch es rutscht: ,*Sobald sie sitzt, schiebt sie es mit beiden Händen über die Oberschenkel.*'

Schaut der Mann neben ihr höflich zur Seite? Nein: ,*Der Mann hebt seine Kaffeetasse und grinst sie an: „Hoffnungslos."*'

Eva läuft dunkelrot an: ,*Gut, dass er bei diesem Licht nicht sehen kann, wie ihr Gesicht sich verdunkelt.*'

Lockern wir das Geschehen mit wörtlicher Rede auf: *„Guten Abend", raunt der Barmixer mit spitzem Mund.*'

Eva ist mit ihren Gedanken ganz woanders: ,*Sie hatte ihn gar nicht bemerkt.*'

Professionell geht er auf Distanz: ,*Tief schaut er ihr in die Augen, als sei sie eine alte Bekannte. Er lächelt. Ohne den Kopf zu senken, schiebt er ihr die Getränkekarte zu. Sein Lächeln friert ein.'*

Eva erkennt die Professionalität nicht und kann den Blick nicht von ihm wenden – zumal sie weiß, was sie will: *,Eva wirft keinen Blick auf die Karte: „Einen Hugo."'*

,Ein Dutzend Gäste sitzt an den Tischen, einzeln oder paarweise.'

Wird sie tatsächlich nicht beobachtet? Nein. Es scheint nur so: *,Niemand scheint Eva zu beachten.'*

Wer ist der Unbekannte im Smoking? *,Nur der Herr im Smoking, der eine schmale Fliege trägt. Wortlos setzt er seine Tasse auf der Theke ab und wendet sich dem Flügel zu. Lautlos klappt er den Deckel von den Tasten.'*

Der erfahrene Leser weiß, dass er aufpassen muss, wenn es plötzlich still wird: *,Bevor er sich setzt, verstummt die Musik aus den Lautsprechern.'*

Hat Eva den Hugo mittlerweile bekommen? Natürlich: *,Eva nippt an ihrem Cocktail. Er schmeckt ungewohnt süß.'*

Was könnte sie aus der Süße schließen? Sie hat keine Zeit, sich darüber Gedanken zu machen. Denn die Stimmung schlägt um. (Mit diesem Kunstgriff verhindern Sie auch bei den meisten Lesern, dass sie sich um dieses Detail Gedanken machen. Später, wenn es wichtig wird, kommen Sie darauf zurück.) *,In diesem Augenblick öffnet sich die Tür. Der Pianist tupft sanft einen Ton an. Dann ist es wieder still.'*

Wer kommt und was ist mit ihm los? *,Der Mann im Türrahmen ist etwa vierzig Jahre alt. Er trägt einen grauen Anzug. Sein muskulöser Oberkörper scheint jedoch aus dem Sakko herausquellen zu wollen. In einem ebenso bizarren Kontrast zu dem Narbengesicht mit Boxernase stehen die Krawatte und die edlen Schuhe.'*

Für Eva wird es noch etwas bedrohlicher: *‚Trotz seiner getönten Brille glaubt Eva etwas Lauerndes im Gesicht des Unbekannten zu beobachten.‘*

Eva wird nervös. Außerdem soll sie gleich noch etwas Neues bestellen: *‚Hastig trinkt sie ihren Hugo aus.‘*

Wen hat der Mann wohl im Auge? Eva, wen sonst? *‚Schließlich steuert er den Platz neben Eva an.‘*

Was wäre das Schlimmste, was Eva in diesem Augenblick passieren könnte? Dass der Unbekannte sie anfasst: *‚Einen Augenblick später spürt sie seine kalte Hand auf ihrem nackten Knie.‘*

Für ihn ist das Anfassen selbstverständlich: *‚Gleichzeitig dreht er den Kopf zum Barmann: „Ein Pils, bitte."‘*

Er schaut sie nicht einmal an, als er ihren Oberschenkel anfasst. Er ist ätzend: *‚Seine Stimme kratzt, wie eine Schellack-Platte.‘*

Eva reagiert unangemessen und fahrig: *‚„Mir auch ein Pils", stammelt Eva.‘*

Der vollständige Beispiel-Text sieht jetzt so aus:

Als Eva die Tür öffnet, sieht sie im Blaulicht nur das weiße Hemd eines Mannes, der an der Theke steht. Der leicht säuerliche Geruch von verschüttetem Sekt steigt ihr in die Nase. Nach ein paar Sekunden kann sie sich im Halbdunkel der Hotelbar einigermaßen orientieren. Sanfte Jazz-Klänge überdecken die leisen Gespräche der Gäste. Von der Theke her beobachtet sie der Herr im Smoking. Hätte sie bloß nicht die hochhackigen Schuhe angezogen. Sie stelzt in seine Richtung. Bei dem Versuch, mit geschlossenen Knien einen Hocker zu erklimmen, rutscht das ungewohnt kurze Kleid nach oben. Sobald sie sitzt, schiebt sie es mit beiden Händen über die Oberschenkel. Der Mann hebt seine Kaffeetasse und grinst sie an: „Hoffnungslos." Gut, dass er bei diesem Licht nicht sehen kann, wie ihr Gesicht sich verdunkelt.

„Guten Abend", raunt der Barmixer mit spitzem Mund. Sie hatte ihn gar nicht bemerkt. Tief schaut er ihr in die Augen, als sei sie eine alte Bekannte. Er lächelt. Ohne den Kopf zu senken schiebt, er ihr die Karte zu. Sein Lächeln friert ein. Eva wirft keinen Blick auf die Karte: „Einen Hugo."

Ein Dutzend Gäste sitzt an den Tischen, einzeln oder paarweise. Niemand scheint Eva zu beachten. Nur der Herr im Smoking, der eine schmale Fliege trägt. Wortlos setzt er seine Tasse auf der Theke ab und wendet sich dem Flügel zu. Lautlos klappt er den Deckel von den Tasten. Bevor er sich setzt, verstummt die Musik aus den Lautsprechern. Eva nippt an ihrem Cocktail. Er schmeckt ungewohnt süß. In diesem Augenblick öffnet sich die Tür. Der Pianist tupft sanft einen Ton an. Dann ist es wieder still.

Der Mann im Türrahmen ist etwa vierzig Jahre alt. Er trägt einen grauen Anzug. Sein muskulöser Oberkörper scheint jedoch aus dem Sakko herausquellen zu wollen. In einem ebenso bizarren Kontrast zu dem Narbengesicht mit Boxernase stehen die Krawatte und die edlen Schuhe. Trotz seiner getönten Brille glaubt Eva etwas Lauerndes im Gesicht des Unbekannten zu beobachten. Hastig trinkt sie ihren Hugo aus.

Schließlich steuert er den Platz neben Eva an. Einen Augenblick später spürt sie seine kalte Hand auf ihrem nackten Knie. Gleichzeitig dreht er den Kopf zum Barmann: „Ein Pils, bitte." Seine Stimme kratzt, wie eine Schellack-Platte. „Mir auch ein Pils", stammelt Eva.

Beschreiben Sie nun etwas, das Sie erlebt haben (könnten). Oder etwas, das Sie gern erlebt hätten. Denken Sie daran, dass Sie mit allen fünf Sinnen wahrnehmen.

Stellen Sie sich vor, dass irgendetwas passierte, bei dem Sie alle Einzelheiten beobachten konnten. Schauplatz kann alles sein, Ihr Arbeitsplatz, Ihr Schlafzimmer, Ihre Küche, ein Eisenbahnwagen, das Standesamt, ein Schwimmbad. Wenn das nicht genügt, denken Sie sich eine Figur dazu, oder mehrere. Vergessen Sie nicht: Sie sind unsichtbar, können aber alles wahrnehmen, Sie können sogar in die Köpfe der Beteiligten sehen. Und noch einmal: Schreiben Sie kurze Sätze (darüber sprechen wir gleich).

Der Textumfang soll höchstens 800 Zeichen oder eine halbe Seite betragen.

4 MACHEN SIE EINEN SATZ!

Nein, Sie sollen nicht verschwinden. Sehen Sie: Es ist doch lustig, wenn eine Metapher falsch verstanden wird; aber darauf kommen wir noch. Jetzt wollen wir Sätze bauen. Der Satz ist nämlich die wichtigste sprachliche Einheit. Er setzt sich aus Wörtern und Wortgruppen zusammen. Und über die haben wir ja schon gesprochen.

Ein einfacher *Hauptsatz* besteht aus *Subjekt* (*Satzgegenstand*) und *Prädikat* (*Satzaussage*): Das *Kind* (Subjekt) *spielte* (Prädikat).

Ergänzt wird das *Prädikat* durch ein *Objekt* des Verbs (*Satzergänzung*): *Das Kind (Subjekt) spielte (Prädikat-Verb) Domino (Prädikat-Objekt).*

Der Satz kann außerdem durch viele andere Wortarten ausgebaut werden. Besonders wichtig sind *Adverbialien* (*Umstandsangaben, Singular: Das Adverbiale*), nämlich

das Adverbiale *der Art und Weise* (Wie?):

Das Kind spielte barfuß Domino.

das Adverbiale *des Ortes* (Wo?):

Das Kind spielte draußen barfuß Domino.

das Adverbiale *der Zeit* (Wann?):

Das Kind spielte nachmittags draußen barfuß Domino.

das Adverbiale *des Grundes* (Warum?):

Das Kind spielte wegen der hohen Temperaturen nachmittags draußen barfuß Domino.

Die beiden Glieder *spielte* und *Domino* bilden gemeinsam das *Prädikat* (*Verb* und *Objekt*). Wir nennen diese Konstruktion eine *Satzklammer*, weil sie die Umstandsangaben einschließt. Natürlich können wir im Deutschen alle Umstandsangaben aneinanderhängen. Aber dann haben wir (in diesem Fall) sieben Wörter in die

Satzklammer geschoben. Das ist zu viel. In einer Satzklammer sollten nie mehr als sechs Wörter stehen, sonst liest sie sich holprig. Also versuchen wir, den Satz umzubauen:

Wegen der hohen Temperaturen spielte das Kind nachmittags draußen barfuß Domino.

Jetzt stehen nur noch fünf Wörter in der Satzklammer. Wir können aber auch einen Nebensatz konstruieren:

Das Kind spielte nachmittags Domino, draußen und barfuß, wegen der hohen Temperaturen.

Noch eleganter wirkt es, wenn wir zwei Sätze bilden:

Nachmittags spielte das Kind Domino. Wegen der hohen Temperaturen tat es dies draußen und barfuß.

Wenn Sie wollen, können Sie den Satz noch öfter umstellen – so flexibel ist die Deutsche Syntax.

Noch etwas: Ein Satz, dem das *Subjekt* oder das *Prädikat* fehlt, gilt als unvollständig und heißt *Ellipse*. Beispiele: *Geh! Wozu?*

! **Also:** In einer Satzklammer sollten nie mehr als sechs Wörter stehen. Unvollständige Sätze heißen Ellipsen.

4.1 Satzlänge

Da wir am liebsten abwechselnd lange und kurze Sätze lesen, die meisten Sätze aber zu lang sind, bringe ich Ihnen eine gute Nachricht, indem ich verrate, dass sie zerschlagen werden können.

Mögen Sie diesen Satz? Nicht? Zerschlagen wir ihn:

Wir lesen am liebsten abwechselnd lange und kurze Sätze. Aber die meisten Sätze sind zu lang.

Allerdings gibt es eine gute Nachricht: Man kann sie zerschlagen.

Das ist sogar kürzer als vorher. Im Durchschnitt sollten Sätze zwölf Wörter haben. Das glaubt jedenfalls die Deutsche Presse Agentur DPA. Sie gibt eine Höchstmenge von zwanzig Wörtern an. Diese Vorgabe hat sich bewährt. Für den Rundfunk, das Fernsehen, die Presse – und für die Erzähler.

Also: Sätze sollten im Schnitt zwölf Wörter haben, nie aber mehr als zwanzig.

4.2 Gleichgebaute Sätze

Stellen Sie sich vor, der erste Satz ist eine Aussage. Der zweite Satz ist eine Frage. Der dritte Satz ist eine These. Der vierte Satz ist eine Frechheit. Sie merken schon, dass alle diese Sätze gleich gebaut sind. Das ist langweilig. Ausnahmsweise kann es natürlich auch einmal funktionieren. Dann kann es sogar richtig witzig sein. Im Übrigen lesen wir am liebsten abwechselnd lange und kurze Sätze. Das hält uns wach.

Also: Gleich gebaute Sätze sollten im Allgemeinen nicht hintereinanderstehen. Es sei denn, dass ein besonderer Effekt erwünscht ist.

4.3 Nebensätze

Hypotaxen bestehen aus einem Hauptsatz und einem Nebensatz: *Ich schreibe, wenn ich nicht schlafe.*

Manchmal bestehen sie auch aus vielen Nebensätzen: *Ich schreibe, wenn ich nicht schlafe, wenn ich nicht esse und wenn ich nichts anderes tue, weil ich das Schreiben brauche, wie andere Menschen den Schlaf oder das Essen.*

Kaum ein Pflaster ist so holprig wie solche Satzgefüge. Wenn Sie eine Hypotaxe konstruieren, beschränken Sie sich auf *einen* Nebensatz – und den hängen Sie an. Alles, was darüber ist, ist von Übel.

Also: Nebensätze hängen wir an.

4.4 Der erste Satz

„Bedenke wohl die erste Zeile, dass Deine Feder sich nicht übereile", lässt Goethe seinen Faust im Studierzimmer murmeln. Deshalb sitze ich hier mit einem Bücher-Stapel. Diese Folianten habe ich ziemlich wahllos aus meinem Regal gegriffen, um Ihnen ein paar *Erste Sätze* zu zeigen.

„Die dritte Juni-Woche – und da ist er wieder." (Frayn, Michael: Das Spionagespiel. Übersetzt von Matthias Fienbork. München: Hanser 2004.)

„Ich kam immer zu spät zu Beerdigungen." (Herrmann, Elisabeth: Das Kindermädchen. München: Goldmann 2007.)

„Das Zimmer war blau – blau in der Hauptsache." (Kuby, Erich: Das Mädchen Rosemarie. Reinbek: Wunderlich 1998.)

„I need a little Sugar in my Bowl." (Jong, Erica: Der letzte Blues. Übersetzt von Elke vom Scheidt. Frankfurt: S. Fischer 1992.)

„Die Nacht atmete in der Wohnung." (Funke, Cornelia: Reckless. Hamburg: Dressler 2010.)

„Gestern wird sein, was morgen gewesen ist." (Grass, Günter: Das Treffen in Telgte. München: dtv 1994.)

„Als erstes kaufte ich mir einen Cheeseburger, Pommes und eine große Cola." (Ani, Friedrich: Wie Licht schmeckt. München: dtv 2005.)

„Zur Selbstverständlichkeit wurde, dass nichts, was die Kunst betrifft, mehr selbstverständlich ist." (Adorno, Theodor Wiesengrund: Ästhetische Theorie. Gesammelte Schriften in 20 Bänden, Band 7. Frankfurt: Suhrkamp ^{5}2003.)

„Und doch erfüllt mich meine Demütigung mit Stolz." (Eco, Umberto: Das Foucaultsche Pendel. München: dtv 1992.)

Also: Denken Sie über den ersten Satz nach. Gehen Sie noch einmal zurück zum Anfang, wenn Sie glauben, dass Ihr Text nun vollständig ist.

4.5 Kapitel in kurzen Geschichten – Absätze – Sternchen

Da gibt es die unterschiedlichsten Standpunkte. Mein Vorschlag lautet: Wenn Ihre Geschichte länger als 60 Seiten ist, teilen wir sie in wenigstens zwei Kapitel und mehrere Abschnitte. Ein ideales Kapitel hat für mich 15 bis 25 Seiten – also das, was ich vor dem Schlafengehen noch lese. (Eigentlich ist das auch der ideale Umfang einer Kurzgeschichte.) Um einen Schauplatzwechsel anzudeuten, können Sie Abschnitte innerhalb des Kapitels mit einem Sternchen (*) abtrennen. Unabhängig davon leitet jeder Absatz zu einem neuen Gedanken. Für einen Dialog sollten Sie beiden Beteiligten stets getrennte Absätze widmen, damit der Leser immer sofort weiß, wer gerade spricht. Weiter hinten (genauer in 9.1) gehe ich noch ausführlicher auf den Bau von spannenden Dialogen ein.

Also: Wenn eine andere Person spricht, beginnt ein neuer Absatz. Schauplatzwechsel können mit einem Sternchen angezeigt werden. Kurzgeschichten und Kapitel in Novellen oder Romanen sollen fünfzehn bis fünfundzwanzig Seiten lang sein.

4.6 Übung Text-Analyse/Textkritik

Ein Beispiel aus dem Internet (Quelle: http://www.stupidedia.org/stupi/Bandwurmsatz):

Der Bandwurmsatz ist eine Satzkrankheit, die sehr häufig anzutreffen ist, die nach dem gleichnamigen Tier benannt ist, und bei der wegen der Länge und der fast unglaublichen Anzahl an, oft falschen, Kommata das Ende fast nicht aufzufinden ist, sodass der Satz wie eine einzige Bleiwurst (klingt komisch, ist aber so) aussieht, sodass er sehr schlecht zu lesen, und damit ideal für AGBs ist, aber auch bei anderen Gelegenheiten, wie zum Beispiel Stupidediaartikeln, in Internetforen, oder auch anderswo leider viel zu oft anzutreffen ist, sodass der infizierte Schreiber eines Bandwurmsatzes manchmal den Überblick verliert und sich in den Bandwurmsätzen, die eine Satzart sind, die sehr häufig anzutreffen ist, und bei der wegen der Länge und der fast unglaublichen Anzahl an, oft falschen, Kommata das Ende fast nicht aufzufinden ist, sodass der Satz wie eine einzige Bleiwurst (klingt komisch, ist aber so) aussieht, sodass er sehr schlecht zu lesen, und damit ideal für AGBs ist, Wiederholungen nicht vermeiden kann, sodass das Lesen eines Bandwurmsatzes Augenkrebs verursachen kann, obwohl der Bandwurmsatz gar nicht falsch ist, aber so aussieht; das fast gleichnamige Tier Satzbandwurm ist ein gefährlicher Krankheitserreger, der Menschen dazu bringt in Bandwurmsätzen (die nach dem Satzbandwurm benannt sind) zu schreiben, es ist außerdem einer der wichtigsten Überträger des Augen- und Ohrenkrebses, der beim Hören oder Sehen von Bandwurmsätzen auftritt; der Satzbandwurm ist hochinfektös, darum sollten Sie schleunigst weg von hier.

Übung: Zerschlagen Sie den obigen Satz in so viele Teile, dass die resultierenden Sätze im Schnitt zwölf Wörter haben.

Beispiel:

Der Bandwurmsatz ist eine Satzkrankheit. Sie ist sehr häufig anzutreffen und nach dem gleichnamigen Tier benannt.

Wegen der Länge ist das Ende fast nicht aufzufinden. Dies liegt an der fast unglaublichen Anzahl an Kommata, die oft noch falsch gesetzt sind. Dadurch sieht der Satz wie eine einzige Bleiwurst aus, auch wenn das komisch klingt. Da er sehr schlecht zu lesen ist, scheint er sich ideal für AGBs zu eigenen, also die Allgemeinen Geschäftsbedingungen. Bei anderen Gelegenheiten ist er ebenfalls viel zu oft anzutreffen, wie zum Beispiel in Stupidediaartikeln. Das gilt leider sogar für Internetforen. Manchmal verliert der infizierte Schreiber eines Bandwurmsatzes jedoch den Überblick. Dann verliert er sich in den Bandwurmsätzen. Trotzdem sind sie eine Satzart, die sehr häufig anzutreffen ist. Wiederholungen sind kaum zu vermeiden, sodass das Lesen eines Bandwurmsatzes Augenkrebs verursachen kann. Und dies, obwohl der Bandwurmsatz gar nicht falsch ist. Das fast gleichnamige Tier Satzbandwurm ist ein gefährlicher Krankheitserreger. Er bringt Menschen dazu, in Bandwurmsätzen zu schreiben – die dann nach dem Satzbandwurm benannt sind. Der Satzbandwurm ist außerdem einer der wichtigsten Überträger des Augen- und

Ohrenkrebses. Er tritt nur beim Hören oder Sehen von Bandwurmsätzen auf. Entsprechend ist der Satzbandwurm hochinfektiös, sodass Sie schleunigst vor ihm flüchten sollten.

Die Lesbarkeitsprüfung der Textverarbeitung Word® zeigt folgende Zahlen: Der Originalsatz hat 1313 Zeichen ohne Leerzeichen in 227 Wörtern. Der korrigierte Text hat nur noch 1198 Zeichen (ohne Leerzeichen) in 203 Wörtern. Bei 18 Sätzen zeigt uns Word® 11,2 Wörter pro Satz an.

Empfohlene Literatur: Reiners, Ludwig: Stilfibel. Der sichere Weg zum guten Deutsch. München: Deutscher Taschenbuchverlag 2007 [Erstauflage 1951] (= dtv 34358).

5 STIL

Als Künstler redet man nicht über Stil – den hat man. Darin unterscheiden sich Künstler. Er ist das individuelle Erkennungsmerkmal. Das gilt ebenso für Texter aller Art, insbesondere für Schriftsteller. Wer nicht trivial schreibt, entwickelt schon nach kurzer Zeit sympathische Eigenheiten, die man in anderen Texten nicht findet.

Deshalb wollen wir uns zunächst Negativ-Gesichtspunkte ansehen, also Aspekte, die einen guten Stil verhindern.

5.1 Nominalstil

Das Schreiben von Literatur ist eine Herausforderung zur Erzeugung von Belletristik im Hochstil.

Haben Sie gemerkt, was passiert, wenn sechs Hauptwörter von einem schwachen Verb getragen werden? Das nennen wir *Nominalstil*. Er hat seine Heimat in der Wissenschaft und in allen Bereichen, die ihre Texte am liebsten vom Rechner automatisch in andere Sprachen übertragen lassen – denn das geht am besten im Nominalstil.

Es schadet der Übersetzungsfähigkeit übrigens kaum, wenn wir vor die Substantive *Adjektive* klemmen. Das haben die Wissenschaftler ebenfalls gemerkt: *Das diversifizierte Schreiben von narrativer Literatur ist eine intellektuelle Herausforderung zur expliziten Erzeugung magna-zirkulationärer Belletristik im postmodernen Hochstil.*

Geht noch mehr? Klar: *Das mehr oder weniger diversifizierte Schreiben von narrativer oder explikatorischer Literatur ist eine intellektuelle und physische Herausforderung zur oberflächlich expliziten Erzeugung von intendiert magna-zirkulationärer Belletristik im postmodernen Feuilleton-kompatiblen Hochstil.*

Und das ist ja erst ein Hauptsatz. Er ist übrigens nach den Regeln deutscher Syntax *korrekt* formuliert. (Auch das ist richtiges Deutsch!) Hypotaktisch unterfüttert könnte der Erguss so aussehen: *Das mehr oder weniger diversifizierte Schreiben, pädagogisch durchtränkt von universitären Forschungsuntersuchungen, von narrativer oder explikatorischer Literatur, gleichgültig ob für die Publikumsverlage oder den Lehrmittelvertrieb konzipiert, ist eine intellektuelle und physische Herausforderung, um nicht zu sagen Kampfansage an Körper und Geist, zur oberflächlich expliziten, oder auch tiefgründig durchdrungenen, Erzeugung von intendiert magna-zirkulationärer, zumindest jedoch Bestseller-verdächtiger Belletristik im postmodernen, keinesfalls trivial-treuherzigen, Feuilleton-kompatiblen Hochstil.*

Natürlich können Sie das noch weitertreiben – aber Sie werden kaum jemand finden, der es mit Freude liest.

! **Also:** Verwenden Sie kräftige Verben. Keines sollte mehr als drei Substantive tragen müssen. Vermeiden Sie den Substantiv-Stil.

5.2 Treffende Ausdrücke – Showing versus Telling

Wenn wir uns das Erzählte vorstellen, entstehen Bilder im Kopf. Das geschieht aber nur, wenn der Schriftsteller uns die Bilder zeigt, statt über sie zu sprechen. Das erreicht er durch treffende Ausdrücke.

Oberbegriffe vermeiden heißt, nicht *Hund* sagen, wenn wir *Dackel* meinen. Solche Wortfelder mit Wörtern, die zusammengehören, erschließen wir uns durch einen *Thesaurus* [wie er in manchen Text-Programmen mit der Umschalttaste und F7 erreicht wird]. Es gibt so etwas in Buchform, zum Beispiel als *Dornseiff* (Dornseiff, Franz: Der deutsche Wortschatz nach Sachgruppen. Berlin: de Gruyter ^{8}2004). Weitere Tipps für eine Handbibliothek gebe ich Ihnen, wenn ich meinen Arbeitsplatz beschreibe.

Durch den Satz *„Er hat eine Nase, die horizontal fünf Zentimeter misst"* habe ich etwas gesagt. Mit *„Seine Nase hatte solche Ausmaße, dass er sich zurücklehnen musste, um eine Kollision zu vermeiden, wenn er eine Schranktür öffnete"* habe ich das gezeigt. Erfinden Sie kühne Metaphern. Schreiben Sie: *Sein Haar war so schwarz, dass die Nacht sich vor Scham zurückzog, wenn er auftauchte.* Oder: *Sie war nicht schlank; sie war dünn. Man musste mehrmals hinschauen, um sie ein Mal zu sehen.*

Jede Charaktereigenschaft hat spezifische Merkmale. Was halten Sie von einem Menschen, der jedes Mal sein Smartphone mit einem Taschentuch abwischt, wenn er es aus der Tasche holt? Wir wissen, dass es sich um eine akribische Natur handelt, ohne dass dies gesagt wurde. Das gilt auch, wenn er an den Hosenbeinknien zupft, bevor er den Zündschlüssel dreht. Was denken Sie über eine Frau, die sich in jedem erreichbaren Spiegel betrachtet? Bei der Figurenentwicklung werden wir näher auf solche Marotten eingehen.

Also: Bevor wir etwas sagen, wollen wir es dem Leser zeigen. Dabei sind die treffenden Ausdrücke hilfreicher als Oberbegriffe

5.3 Anfänge – klassisch oder modern

Spätestens seit 1951 die unverwüstliche *Stilfibel* von Ludwig Reiners (Reiners, Ludwig: Stilfibel. Der sichere Weg zum guten Deutsch. München: Deutscher Taschenbuchverlag 2007 [Erstauflage 1951] [= dtv 34358]) erschien, gelten die sechs folgenden Anfänge als klassisch. Die Beispiele habe ich aktuellen Zeitungsartikeln entnommen. Dass es noch anders geht, erfahren wir danach.

5.3.1 aktuell

Von einem aktuellen Ereignis leiten wir auf unseren Gegenstand über.

***Beispiel**: Flüchtlinge am Ende des Zweiten Weltkrieges*

Derzeit überqueren Hunderte das Mittelmeer, die nur das besitzen, was sie auf dem Leib tragen. Sie flüchten vor Kriegen im Nahen Osten und suchen Asyl im friedlichen Europa. Aus dem gleiche Grund verließen 1945 zahlreiche ...

5.3.2 historisch

Hier beziehen wir uns auf ein Ereignis in der Vergangenheit.

***Beispiel**: Asylbewerber aus dem Nahen Osten*

Nach dem Zweiten Weltkrieg verließen zahlreiche Familien ihre Heimat, um ein Leben in Frieden zu führen. Sie hatten die gleichen Motive wie ...

5.3.3 deduktiv

Wir schließen von einem allgemeinen Ereignis auf ein spezielles.

Beispiel: *Ehrenamtliche Hilfe für eine Asylbewerber-Familie*

Tausende Kriegsflüchtlinge suchen derzeit Schutz im friedlichen Europa. Ihnen allen kann Pfarrer X nicht helfen. Aber eine Frau mit ihren vier Kindern hat er bei sich aufgenommen ...

5.3.4 induktiv

Wir schließen von einem Einzelereignis auf eine allgemeine Erkenntnis.

Beispiel: Ankunft von Asylbewerbern

Erschöpft lässt die junge Frau sich auf eine Kiste fallen. Sie nimmt die Wasserflasche entgegen und reicht sie zuerst an eine ihrer Töchter weiter. Wie ihr ergeht es derzeit vielen ...

5.3.5 Zitat

Das Zitat kann von einem Beteiligten, aber auch aus einer anderen Zeit von einer völlig unbeteiligten Person stammen. Es hat allerdings mit dem Werk alles, viel, einiges, wenig oder manchmal (leider) auch nichts zu tun.

Beispiel: *Kirchenasyl*

„Wer einen Menschen rettet, rettet die ganze Welt", heißt es im Talmud. Das mag sich auch Pfarrer X gedacht haben ...

5.3.6 Definition

Hier definieren wir den Gegenstand, der untersucht wird oder strittig ist.

Beispiel: *Asylbewerber in Deutschland*

Das Wort Asyl kommt eigentlich aus dem Griechischen und bezeichnet einen sicheren Zufluchtsort ...

5.3.7 Weitere Möglichkeiten

Besonders durch Nachrichtenmagazine wie den *Spiegel* wurde der *Szenische Einstieg* populär. Er zieht den Leser sofort in die Szene hinein, zum Beispiel bei einer Reportage.

***Beispiel**: Rettung aus Seenot*

„Allah Akbar!" Erschöpft sinkt der Gerettete auf die Knie …

Charakterisieren Sie die Hauptperson (den Protagonisten) mit ein oder zwei Eigenheiten. Das passiert besonders gern bei Konzerten, Lesungen oder Rezensionen.

***Beispiel**: Konzert eines Cellisten*

X ist ein bedächtiger Mann. Behutsam setzt er den Stachel seines Instrumentes auf den Parkettboden der Deutschlandhalle. Doch dann ist er kaum wiederzuerkennen …

Als *Prolog* wird in Romanen gelegentlich eine *Vorgeschichte* abgedruckt, deren Sinn sich erst erschließt, wenn man das Werk gelesen hat.

***Beispiel**: Zum Tode von Günter Grass*

„Sollte uns die Hölle blühen, wird eine der ausgesuchtesten Strafen darin bestehen, den nackten Menschen mit den Fotos seiner Tage in einen Raum zu sperren …"

Viele Zeitungen drucken vor den Artikel einen fettgedruckten Absatz. Er heißt meistens *Lead* oder *Fettvoraus*. Im Lead werden die bereits bekannten *7-W-Fragen* beantwortet: **W**er tut **W**as? **W**ie? **W**o? **W**ann? **W**arum? **W**oher wissen wir das?

***Beispiel**: Der Sprecher des Bundeskanzleramtes kam heute fünf Minuten später zur Bundespressekonferenz. Nach eigenen Angaben war er von der Entwicklung der Ereignisse so überrascht, dass er seine Aktentasche vergessen hatte.*

Also: Die sechs klassischen Anfänge sind leicht zu merken: *aktuell, historisch, deduktiv, induktiv, Zitat, Definition.* Heute gibt es außerdem den *szenischen Einstieg*, das *Charakterisieren der Hauptperson*, den *Lead*.

5.4 Verdächtige Ausdrücke

Wir haben schon einige Stopper kennengelernt. Zum Beispiel substantivierte Verben, die man an den Endungen *-ung*, *-heit*, *-keit* oder *-ion* erkennt; *Partizipien*, die wir oft an der Endung *-end* erkennen; *Modalverben* oder *modal gebrauchte Verben*; umständliche Ausdrücke wie die *Funktionsverbgefüge* (welch ein Wort!); besonders lange *zusammengesetzte* Wörter; Wörter, die bestimmte *Konnotationen* hervorrufen, zum Beispiel *Opfer, Schuld, Sühne*. Sie sollten mit Vorsicht benutzt werden. So etwas charakterisiert den Stil besonders deutlich.

Also: Es gibt verdächtige Ausdrücke, die wir im Auge behalten müssen. Vor allem, wenn sie der Erzähler gebraucht. Spricht eine Figur sie aus, müssen wir uns über die Konnotation im Klaren sein. Das sollte aber erst beim Überarbeiten geschehen.

5.5 Erste oder dritte Person?

Bevor die erste Zeile geschrieben ist, müssen wir uns darüber klarwerden, ob wir in der ersten oder in der dritten Person schreiben. Die Ich-Form klingt besonders authentisch, verwischt aber für manche Leser die Grenze zwischen realem Schreiber und Erzähler. Außerdem ist das eine schwierige Form. Romane wie die bereits erwähnte *Lolita* von Nabokov oder die *Vernau-Krimis* von Elisabeth Herrmann sind damit jedoch Bestseller geworden. (Herrmann, Elisabeth: Das Kindermädchen. München: Goldmann 2007; Herrmann, Elisabeth: Die siebte Stunde. Berlin: List 2008; Herrmann, Elisabeth: Die letzte Instanz. Berlin: List 2010; Herrmann, Elisabeth: Versunkene Gräber. München: Goldmann 2013.)

Also: Ganz zu Anfang müssen wir uns entscheiden, in welcher grammatikalischen Form erzählt wird. Dies lässt sich später nur noch mit großem Aufwand ändern.

5.6 Fiktionalität

„Aufgabe des Dichters ist es nicht, mitzuteilen was geschehen ist, sondern was geschehen könnte. Daher ist die Dichtung philosophischer als die Geschichtsschreibung. Um dieser Wahrheit willen kann der Dichter die Ereignisse in seinem Sinn umschreiben." (Aristoteles, zitiert nach Michael Hauskeller: Was ist Kunst? Positionen der Ästhetik von Platon bis Danto. München: Beck [1998] ²2008, S. 16.)

Weiter oben haben wir schon bei Hugo von Hofmannsthal erfahren, dass es keinen Weg von der Realität in die Poesie gibt. Deshalb hat alles Geschriebene auch seine eigene poetische Wahrheit. Sie darf keinesfalls mit den Kriterien gemessen werden, die wir an die Realität anlegen. Wenn der letzte deutsche Kaiser beispielsweise in den Augen mancher Leute ein sympathischer, großzügiger, intelligenter, weitblickender, gottesfürchtiger Monarch gewesen ist (was sich beliebig ausbauen ließe), würde dies keinen

Schriftsteller davon abhalten, ihm in einem Roman böse, rachsüchtige, ignorante Züge zu verleihen. Der Schriftsteller nimmt auf nichts und Niemanden Rücksicht.

Also: Lernen Sie, rücksichtslos zu schreiben. Wenn Sie Angst haben, irgendeinem Menschen zu nahe zu treten, fangen Sie gar nicht erst an zu schreiben.

5.7 Übung: Beschreiben Sie einen Schauplatz

Wo spielt Ihre Szene? Der Schauplatz eines Ereignisses kann einem realen Ort entsprechen. Recherchieren Sie ihn möglichst, indem Sie selbst dorthin gehen. Sie dürfen einen solchen Ort aber auch ändern, ja Sie dürfen sich Ihren eigenen Ort erfinden. Welche Eigenschaften muss der Ort haben, damit Ihre Geschichte funktioniert? Gibt es mehrere Schauplätze? Mit welchen Verkehrsmitteln kommt man da hin? Ist das ein Auto, eine Straßenbahn, ein Zug, ein Schiff, ein Flugzeug? Wie sind diese Schauplätze jeweils ausgestattet? Mit welcher Geschwindigkeit ist man unterwegs? Ist es eine Fabrikhalle, ein Umkleideraum für Sportler, das Dach eines Hochhauses, eine Sammeldusche? Dramaturgisch besonders interessant sind Schauplätze, die unsere Figuren nicht verlassen können.

Also: Schauplätze können existieren oder erfunden sein. Wir dürfen sie auch verändern. Konfliktbeladen sind Fahrstühle, Schiffe etc., weil die Akteure gezwungen sind, dort zu bleiben.

Der Textumfang soll höchstens 800 Zeichen oder eine halbe Seite betragen.

Beispiel:

Sie ergriff die Tasse; er fasste nach seiner Jacke. „Ich brauche keine zehn Minuten." Schnelle Schritte nach unten. Sie hörte, wie die Haustür hinter ihm ins Schloss fiel. Die Tür zu seinem Zimmer war nur angelehnt. Hinein. Vorsichtig. Das Deckenlicht brannte. Ein zerwühltes Bett, darüber ein Che-Guevara-Poster. Schrank, Bücherregal, Anrichte, Hocker, Stuhl, ein Klapprechner auf dem Schreibtisch. Der Druck auf eine Taste brachte den Bildschirm zum Leuchten. Nach einem Kurzbefehl zeigte der Computer eine Liste der Dateien an, die zuletzt angewählt wurden. Die erste bestand aus wirren Buchstaben und Ziffern. Doppelklick. Ihr stockte der Atem.

6 EINE KURZE GESCHICHTE

Herzlichen Glückwunsch. Sie haben sich nun durch die erste Hälfte dieses Werkes gearbeitet. Wenn Sie alle Übungen geschafft haben, sollten Sie zu diesem Zeitpunkt das Handwerkszeug eines professionellen Schreibers besitzen. Nun beginnt sozusagen der kreative Teil Ihrer Ausbildung.

Wie der Name schon andeutet, unterscheidet sich die *Kurzgeschichte* von der *Novelle*, weil sie kürzer ist. Woanders heißt die Novelle manchmal *Erzählung* – so wie die Kurzgeschichte auch *Short Story* genannt wird. In den Streit, ob es nicht doch Unterschiede gibt, will ich mich aber nicht einmischen. Nennen Sie es wie Sie wollen.

Über die Länge der Kurzgeschichte lässt sich ebenfalls trefflich streiten. Einige meiner Geschichten sind nur eine Handvoll Seiten lang, andere zwanzig. Ich denke, viel mehr als fünfundzwanzig Seiten sollte eine Kurzgeschichte nicht haben. Dann kann man sie bequem vor dem Schlafengehen lesen. Entsprechend sollte sie aus nicht mehr als *fünf Szenen* bestehen. Den Wechsel von Schauplatz oder Zeitpunkt kennzeichnen wir durch Sternchen. Die Ereignisse werden knapp und präzise geschildert. Der Schriftsteller beobachtet genau, schreibt aber *kein Wort zu viel*. Erzählt wird aus einer einzigen Perspektive: am besten aus der Sicht einer *Identifikationsfigur*. So kurz die Geschichte auch ist, die Gefühle der Figuren verändern sich während der Geschichte. Wenn wir etwas beschreiben, ist dies immer in die Handlung eingewoben. Die Dramaturgie lebt von kunstvoll gebauten Dialogen *ohne Wiederholungen*. Sie unterstreichen die Dramatik, im Gegensatz zu kitschigen Emotionen in der Trivial-Literatur.

Besonders in der amerikanischen Literatur findet man gelegentlich sogenannte *Entscheidungsgeschichten*. Sie erfordern einen nachdenklichen Protagonisten. Er kann erst wieder glücklich werden, wenn er eine schwierige Entscheidung getroffen hat. Er ist aber zu verwirrt und entscheidet meist nur halbherzig. Eine solche Geschichte finden Sie zwischen Kapitel zwei und Kapitel drei.

Daneben gibt es *Erkenntnisgeschichten*. Sie erfordern einen orientierungslosen Wanderer als Protagonisten, der eigentlich lebensunfähig ist; in sich gekehrt, empfindsam und von Gefühlen zerrissen. Irgendwann lernt er etwas, was sein Leben grundlegend verändert. Zwischen Kapitel sieben und Kapitel acht finden Sie eine.

Am häufigsten finden wir jedoch *Konfliktgeschichten*. Sie werden schnell merken, dass ich in diesem Buch *Konfliktgeschichten* bevorzuge. Sie erfordern einen aktiven Protagonisten mit einem klaren Ziel, das der Gegenspieler (also der Antagonist) verhindern will. Am Ende gibt es eindeutige Sieger und Verlierer.

Die längeren Texte heißen *Novelle* (heute spricht man in Deutschland meist von einer *Erzählung*). Sind sie noch länger, werden sie zum *Roman*. Wir bauen sie alle nach der gleichen Struktur auf. Allerdings können wir in längeren Texten mehr Handlungsstränge unterbringen. Vor hundertfünfzig Jahren war etwa eine Rahmenhandlung mit Binnenszenen beliebt.

Also: Kurzgeschichten sind kürzer als eine Novelle oder eine Erzählung. Ein Roman ist länger als alle anderen Formen. Je länger der Text ist, umso mehr Handlungsstränge können hinein verwoben werden. Am beliebtesten ist zu Beginn des dritten

Jahrtausends die Konfliktgeschichte. Sie tritt in jeder Länge auf. Als Short Story, Novelle oder Roman trifft eine Konfliktgeschichte die Emotionen der Leser direkter als jede andere Form.

6.1 Bevor wir loslegen

Wann und wo wollen Sie eigentlich schreiben? Die Frage ist ernst gemeint. Wenn Sie Schriftsteller werden wollen, müssen Sie regelmäßig arbeiten. Und das geht am besten an einem festen Arbeitsplatz.

Überlegen Sie also zunächst, zu welchem Zeitpunkt sie täglich drei bis vier Stunden arbeiten wollen. Das kann morgens um sechs sein oder abends um zehn. Wichtig ist, dass Sie in dieser Zeit wirklich ungestört arbeiten können. Statt der Zeit können Sie sich auch eine Produktionsmenge vornehmen, zum Beispiel fünf Seiten pro Tag. Das wären bei fünf Tagen in der Woche bereits über tausend Seiten im Jahr.

Also: Machen Sie sich einen Zeitplan und schaffen Sie sich einen festen Arbeitsplatz. **!**

6.1.1 Ruhe

Zum Schreiben brauchen Sie einen ruhigen Arbeitsplatz. Radio, Fernsehen, Telefon sind stromlos. Ins Internet gehen Sie nur, wenn Sie etwas recherchieren müssen. Informieren Sie Ihre Mitbewohner, dass Sie in dieser Zeit auf gar keinen Fall gestört werden dürfen.

Also: Sorgen Sie dafür, dass Sie nicht beim Arbeiten gestört werden. **!**

6.1.2 Schreibwerkzeuge

Alle Schreibwerkzeuge sind für die Poesie geeignet – wenn es Ihnen Freude macht, damit zu schreiben. Am Arbeitsplatz liegen Ihre Bleistifte, Kugelschreiber, Federhalter, Blöcke, Zettel. Kurze Notizen landen in einem Zettelkasten. Wenn Ihnen Karteikarten lieber sind als ein Computer, benutzen Sie diese, um beispielsweise Figuren zu entwerfen.

Wenn Sie unterwegs sind, haben Sie natürlich ebenfalls einen Stift dabei – und ohne einen kleinen Notizblock gehen Sie nie aus dem Haus. Weder der Stift noch der Block sollte teuer aussehen, damit Diebe nicht auf dumme Gedanken kommen.

Also: Zum Schreiben eignen sich alle Schreibwerkzeuge und jedes Papier; der Marquis de Sade soll im Gefängnis auf Toilettenpapier geschrieben haben.

6.1.3 Elektronische Schreibgeräte

Ein Rechner kann nahezu alles, was früher nur Papier und Stift konnten. Will man ebenso effizient damit arbeiten, muss man sich allerdings intensiv mit der Software auseinandersetzen. Mit einer Textverarbeitung können Sie nicht nur schreiben, sondern ebenso einen Zettelkasten anlegen und verwalten.

Für Leute, die nicht am Bildschirm schreiben wollen, gibt es noch die gute alte Schreibmaschine. Sie ist natürlich mittlerweile ebenfalls mit einer Menge Elektronik ausgestattet. So kann der Schreiber meistens mindestens eine Zeile speichern und korrigieren, bevor er sie ausdruckt. Sichten Sie genau das Angebot bei einem der großen Versender im Internet. Ob Sie Ihre Maschine dort kaufen oder im Fachhandel, können Sie dann selbst entscheiden. Wenn Sie bereit sind, ein Zehntel Ihres Monatseinkommens zu investieren, bekommen Sie ein Gerät, das viele Jahre gute Dienste leistet.

Wenn Sie das Glück haben, dass Ihre Texte von einem Partner oder einer Partnerin am Rechner oder auf der Schreibmaschine erfasst werden, lohnt es sich vielleicht, ein Diktiergerät anzuschaffen. Vielleicht haben Sie bereits ein Smartphone, womit Sie ebenfalls Sprachaufnahmen machen können. Ausgewachsene Diktiergeräte kosten weniger als die Hälfte einer kleinen Schreibmaschine.

Unterwegs können Sie einen Klapprechner oder ein ‚Tablet' benutzen. Ich tue dies gelegentlich auf längeren Bahnfahrten. Allerdings schreibe ich dann meist keine neuen Texte, sondern überarbeite die vorhandenen. Welche Vorteile ein mobiler Internetanschluss bietet, erfahren Sie im nächsten Abschnitt.

Wie intensiv Ihnen die Elektronik hilft, hängt vor allem davon ab, wie selbstverständlich sie damit umgehen und mit ihren Feinheiten vertraut sind. In jedem Fall sollten Sie immer wieder Ihre Daten sichern. Setzen Sie vor den Namen eines Dokumentes stets das Datum in der Form JJMMTT (JJ steht für Jahr, MM für Monat und TT für Tag). Dann haben Sie für jeden Arbeitstag eine unabhängige Version.

Wenn Sie mit einer neuen Geschichte beginnen, geben Sie ihr einen Arbeitsnamen. Das muss noch nicht der endgültige Titel sein – ist es meist auch nicht. Speichern Sie die leere Datei bereits mit dem Tagesdatum ab. Dann legen Sie eine zweite Datei an. Mit gleichem Titel, aber dem

Zusatz ‚Filial'. (Sie können natürlich auch einen beliebigen anderen Dateinamen wählen; er sollte nur so prägnant sein, dass Sie ihn leicht wiederfinden.) Die zweite Datei speichern Sie auch mit dem Tagesdatum ab. In ihrer Filialdatei speichern Sie alle Ideen, die in dieser Geschichte eine Rolle spielen. Die Regeln haben einen eigenen Absatz. Auch die Figuren. Hier können Sie sogar Einfälle aufschreiben, von denen Sie noch gar nicht wissen, ob sie in die Geschichte hineinkommen. Statt einer Datei können Sie die Filialdaten natürlich auch auf einer Karteikarte oder auf einem Zettel sammeln.

Also: Ein Computer ist nur so gut, wie Sie damit umgehen können. Wenn Sie ihn beherrschen, kann er Ihnen eine Menge Arbeit abnehmen. Speichern Sie die Geschichte ‚Seidenband' mit dem Namen JJMMTT_Seidenband und die Filialdatei mit dem Namen JJMMTT_Seidenband_Filial. Jedes Mal, wenn Sie an einer dieser Dateien arbeiten, speichern Sie diese mit dem aktuellen Tagesdatum JJMMTT ab. Speicherplatz kostet so gut wie nichts und sie haben für alle Arbeitsschritte Sicherungskopien.

6.1.4 Internet

Ihr Arbeitsplatzrechner sollte in jedem Fall über einen schnellen Internet-Anschluss verfügen. Dann können Sie Vorermittlungen oder einen Teil der Recherchen schon am Schreibtisch erledigen. Deshalb sind für unterwegs Internetfähige Klapprechner, Tablets und Smartphones so nützlich. In den meisten Hotels und Gaststätten kann man einen W-Lan-Zugang erhalten; Fragen kostet nichts. Dank LTE ist auch das mobile Telefon-Netz heute recht schnell.

Also: Recherchen im Internet sind effizient; Wikipedia & Co sind besser als ihr Ruf.

6.1.5 Hand-Bibliothek

Einige nützliche Bücher für Ihre Hand-Bibliothek am Arbeitsplatz will ich Ihnen nicht vorenthalten. Es handelt sich um Beispiele, da es ähnlich gute Bücher meist auch von anderen Verlagen gibt. Ich nenne Ihnen einfach diejenigen, die ich am häufigsten benutze.

Das *Deutsche Universalwörterbuch* hat über zweitausend Seiten, ist ein zuverlässiger Rechtschreibratgeber und enthält eine deutsche Kurzgrammatik. Zu einem geringen Aufpreis erhält man es zusätzlich auf CD für den heimischen Rechner. (Duden – Deutsches Universalwörterbuch. Das umfassende Bedeutungswörterbuch der deutschen Gegenwartssprache. Mannheim: Bibliographisches Institut [8]2015.)

Ein *Antonym-Wörterbuch* sagt Ihnen schnell, welche Gegenbegriffe es zu einem Wort gibt. (Müller, Wolfgang: Das Gegenwort-Wörterbuch. Ein Kontrastwörterbuch mit Gebrauchshinweisen. Berlin: de Gruyter [2]2000.) Im Bechtermünz-Verlag erschien vor Jahren noch eines für den kleineren Geldbeutel. (Antonyme. Wörter und Gegenwörter der deutschen Sprache. Herausgegeben von Gudrun Petasch-Molling. Eltville: Bechtermünz 1989). Es wird offensichtlich nicht mehr aufgelegt, ist jedoch antiquarisch günstig zu haben.

Mit einem *Thesaurus* (zum Beispiel: Dornseiff, Franz: Der deutsche Wortschatz nach Sachgruppen. Berlin: de Gruyter [8]2004) erschließen Sie sich Wortfelder und Synonyme. [Viele Textprogramme bieten so etwas über die Tasten Umschalt+F7]. Spätestens, wenn in Ihrem Text zum sechsten Mal das Wort *Haus* auftaucht, werden Sie danach greifen. (Ich lese hier gerade: Anwesen, Bau, Bauernhof, Bauwerk, Blockhaus, Bruchbude, Bungalow, Bunker, Burg, Chalet, Eigenheim Einfamilienhaus, Etablissement, Gartenhaus, Gebäude, Gehöft, Gelass, Geschäftshaus, Grotte, Gut, Gutshof, Halle, Hazienda, Hinterhaus, Höhle, Hochhaus, Holzhaus, Horst, Hütte, Kabuse, Kasten, Kate, Kaue, Laden, Lager, Landhaus, Logis, Mietskaserne, Nest, Niederlassung, Palais, Palast, Reihenhaus, Sennhütte, Stadthaus, Villa, Wochenendhaus, Wohnlaube, Wohnstatt, Wolkenkratzer, Zelt, Zwinger etc.)

Weitere Thesauri:

Das Synonymwörterbuch. Ein Wörterbuch sinnverwandter Wörter. Duden – Deutsche Sprache in 12 Bänden – Band 8 mit CD-Rom. Mannheim: Bibliographisches Institut ^{6}2014.

Peltzer, Karl und von Normann, Reinhard: Das treffende Wort. Bern: Ott ^{26}2000.

Textor, A. M.: Sag es treffender. Das Synonymwörterbuch für den täglichen Gebrauch. Reinbek: rororo ^{2}2014.

Bulitta, Erich und Hildegard: Wörterbuch der Synonyme und Antonyme. Sinn- und sachverwandte Wörter und Begriffe sowie deren Gegenteil und Bedeutungsvarianten. Frankfurt: Fischer Taschenbuch ^{6}2003.

Es ist möglich, sich alle paar Jahre eines dieser Bücher zu kaufen. So hat man immer etwas Aktuelles und baut sich eine kleine Handbibliothek auf.

Für Tablets mit Android-Betriebssystem gibt es derzeit: anderes Wort – Thesaurus – Offline Thesaurus

Für Tablets mit Apple-Betriebssystem gibt es

derzeit: Thesaurus – Thesaurus Free – Thesaurus Deutsch

Für Tablets und PCs mit Windows sind zu empfehlen: Synonyme. Woxikon – Wiktionary

Also: Eine Handbibliothek erspart manchen Gang in eine öffentliche Bibliothek.

6.1.6 Recherche

Wenn Sie Ihren Lesern weismachen wollen, dass ihre Geschichte sich so und nicht anders abgespielt hat, brauchen Sie Fakten aus der Realität. Damit spicken Sie sozusagen Ihre Geschichte. Diese Fakten müssen Sie sauber recherchieren. Eine ganze Menge finden Sie im Internet. Dort können Sie zum Beispiel Eisenbahnfahrpläne und Flugzeiten finden. Gleiches gilt für Entfernungen, Wetterlagen, Landkarten, Standorte von Geschäften, Nachtclubs, Behörden, Instituten, Zoos, Fernsehgesellschaften.

Weitere Recherchequellen sind die Bücher in Ihrer Handbibliothek und die Informationsmedien wissenschaftlicher Institute, öffentlicher Bibliotheken, staatlicher Archive. Die Mitarbeiter dieser Institutionen haben es verdient, dass Sie besonders freundlich zu ihnen sind, auch wenn es gelegentlich dort viel Stress gibt. Fassen Sie alle diese Leute mit Samthandschuhen an. Es lohnt sich. Öffentliche Bibliotheken bieten heute nicht nur Bücher, sondern kostenlos den elektronischen Zugriff auf alle möglichen Datenbanken. Beispielsweise kann man dort Zeitschriften-Artikel aus über hundert Jahren recherchieren. Erklären Sie den Mitarbeitern Ihr Projekt; man wird Ihnen gern helfen – manchmal gegen einen kleinen Obolus.

Sprechen Sie Fachleute an. Die meisten Menschen reden gern über ihren Beruf. Wenn Ihr Protagonist also ein Elektriker ist, sollten Sie sich einmal von einem Profi erklären lassen, wie bei ihm die tägliche Arbeit abläuft. Gleiches gilt für alle anderen Sparten – vom Pianisten bis zur Striptease-Tänzerin.

Also: Gewöhnen Sie sich an das akribische Recherchieren. Vieles steht im Netz, einiges in den Büchern Ihrer Handbibliothek, manches in Bibliotheken und Archiven. Ganz aktuelle Informationen aus erster Hand bekommen Sie von Fachleuten, die in bestimmten Berufen arbeiten.

6.2 Genre

Spätestens jetzt sollten Sie sich überlegen, welche Art Geschichte Sie schreiben wollen. Welche Bücher haben Sie in der letzten Zeit gelesen? Könnten Sie sich vorstellen, etwas in der Art zu schreiben? Oder schauen Sie in einen Buchladen. Dort gibt es Krimis, Humor, Erotik, Liebesromane, Familiensagas, Biografien, Gesellschaftsromane, Arztromane etc. Das alles können Sie sich als Kurzgeschichte, als Novelle oder als Roman vorstellen. Beginnen Sie am besten mit einem Genre, das Sie besonders gut kennen. Aber Sie müssen sich entscheiden, was es werden soll. Schreiben Sie es in die Filialdatei.

! **Also:** Wenn Sie ein Lieblings-Genre haben, sollten Sie Ihr erstes Werk in diesem Genre verfassen.

6.3 Leser

Nun sollten Sie sich überlegen, für welche Leser Sie schreiben wollen. Für Kinder, Jugendliche, Mädchen, Frauen, Männer, Schwule, Erwachsene beiderlei Geschlechts, Senioren, Angehörige einer bestimmten Berufsgruppe etc.? Schreiben Sie auch das in die Filialdatei.

Also: Für den Anfang sollten Sie sich als Leser Erwachsene beiderlei Geschlechts vorstellen, die liberales Gedankengut pflegen.

6.4 Ideen

Wie lautet die häufigste Frage an Schriftsteller: Wo bekommen Sie eigentlich Ihre Ideen her? Die Antwort ist einfach: Es ist sehr individuell. Trotzdem kann ich Ihnen auch hier weiterhelfen. Sie brauchen dazu nicht mehr als einen Zettelkasten oder einen Tischrechner, der denselben Dienst tut. Am Ende haben Sie einen ganzen Stapel Ideen – und daraus werden Sie immer neue entwickeln. Lesen Sie aktuelle Werke, die Sie spannend finden. Aber Vorsicht: Nicht abkupfern. Sie haben bessere Ideen. Lassen Sie sich inspirieren. Durch Romane, Theaterstücke, Filme, Erzählungen Ihrer Gemüsefrau. Alles, was Sie für Ihre Geschichte brauchen könnten, wandert in die Filialdatei.

Also: Ideen kommen, ohne dass Sie etwas dazu tun. Damit sie reifen, fixieren wir Details, die uns schon lange im Kopf herumgehen.

6.4.1 Ein gesellschaftliches Konzept

Schreiben Sie auf, für welches gesellschaftliche Konzept Sie eintreten. Werden Sie ausführlich. Sie sind vielleicht für eine Gesellschaftsform, in der nur weiterkommt, wer etwas geerbt hat? Oder soll es nach Leistung gehen? Vielleicht auch nach Bildung? Was bedeutet für Sie soziale Gerechtigkeit? Sollten Frauen belohnt oder bestraft werden, wenn sie Kinder gebären? Sollten Männer bessere Startchancen haben? Sollten Hauptschüler das Wahlrecht verlieren? Fantasieren Sie. Es ist Ihre Geschichte.

Bauen Sie sich Ihre eigene Gesellschaft. Es kann alles passieren, was Sie sich wünschen. Richten Sie sich nicht nach Mehrheiten. Seien Sie ehrlich und rücksichtslos. Denken Sie daran, dass es beispielsweise in Holland, Dänemark oder Spanien Orte gibt, in denen die Einwohner der freien Liebe frönen. In Afrika oder in der Südsee gibt es Gesellschaften, die kein Privateigentum kennen. In alten Zeiten lebten Kelten und Germanen in Großfamilien, in denen kaum jemand seinen Vater kannte. Griechen und Römer hatten zwar schon Zweier-Beziehungen, hielten sich aber Leibeigene. Oder Sie schreiben unsere Gesellschaftsform in die Zukunft fort. In einer Fantasy-Gesellschaft sind Ihnen überhaupt keine Grenzen gesetzt.

Also: Sie sind ganz alleine im Universum. Entwickeln Sie eine Gesellschaft, wie es sie noch nie gegeben hat. Aber diesmal können Sie bestimmen, wieviel Macht die Spielverderber bekommen. Schreiben Sie Ihre Gedanken auf.

6.4.2 Persönliche Erlebnisse

Denken Sie nach, welche Erlebnisse Ihnen nicht mehr aus dem Kopf gehen. Das kann ein Unfall gewesen sein, ein beruflicher Misserfolg, der Besuch einer Kunstausstellung, ein Sterbefall, eine Enttäuschung beim Sex. Drei bis vier solcher Erlebnisse schreiben sie auf Karten.

Also: Sie haben noch nicht viel erlebt? Denken Sie nach. Erinnern Sie sich an Ihren ersten Freund oder Ihre erste Freundin? Und damals am

Bahnhof, wissen Sie noch? Ach ja, die Nachbarn im Kino damals ... Schreiben Sie alles auf, was Ihnen einfällt.

6.4.3 Hobbies und angenehme Tätigkeiten

Was macht Ihnen Freude? Arbeiten Sie gern im Garten? Laufen Sie regelmäßig oder schwimmen Sie lieber? Spielen Sie gern Schach im Verein? Hotten Sie gern in einer Disko ab? Sind Sie politisch engagiert? Treiben Sie Sport? Lieben Sie Brettspiele? Fahren Sie gern Auto, Fahrrad, Eisenbahn, Motorrad, Skateboard? Gehen Sie gern ins Theater? Oder würden Sie so etwas in Zukunft öfter tun? Auch hier sollten Sie beliebig viele Karten ausfüllen, aber mindestens drei bis vier.

Also: Wollten Sie nicht schon immer Theaterspielen, Trommeln, Klettern, Segeln? Oder in einer Gruppe mit Fantasy-Rollenspielen agieren? Schreiben Sie alle Ihre Wünsche auf.

6.4.4 Aktivitäten, die Sie hassen

Was fällt Ihnen schwer? Frühes Aufstehen? Die Besuche bei den kranken Eltern? Die täglichen Diskussionen mit dem Sohn? Ihr Chef, der immer mehr erwartet, als Sie leisten können und nicht entsprechend bezahlt? Der Stalker, der Ihnen an die Wäsche will? Schreiben Sie wenigstens drei bis vier Dinge auf, die Sie anwidern.

Also: Die Katzentoilette sauber zu machen ist Ihnen nicht unangenehm? Was ist mit dem schmierigen Kollegen, der immer Gerüchte in die Welt setzt? Und der Nachbar von gegenüber? Schreiben Sie alles auf. !

6.4.5 Lieblingsorte

Wo halten Sie sich gern auf? In einer Kirche? Im Park? In der Disko? In der Sauna? Mitten unter Menschen in einer lauten Kneipe? Schreiben Sie auch hier drei bis vier Karten voll.

Also: Dies sollte eine der leichteren Übungen sein. Wo fühlen Sie sich geborgen?

6.5 Erzählte Zeit – Erzählzeit

In welcher Zeit spielt ihre Geschichte? Jetzt? Dann ist es relativ einfach. Wenn sie in einer früheren Zeit spielt, schauen Sie bitte weiter hinten nach, was ich dort über den historischen Roman sage. Wenn Ihre Geschichte in der Zukunft spielt, haben Sie freie Hand. Das verbindet Science-Fiction mit Fantasy: Die Welt, in der die Geschichte spielt, wird vom Autor erfunden. Sie können alles geschehen lassen, was Sie sich vorstellen – müssen sich dann aber streng an Ihre eigenen Regeln halten. Deshalb ist es wichtig, dass Sie diese in der Filialdatei aufschreiben.

Die *Erzählte Zeit* fragt nach dem Zeitraum, den Sie schildern wollen. Hundert Jahre? Ein Jahr? Eine Woche? Zwei Tage? Eine Stunde? Fünf Minuten? Es ist Ihre Geschichte.

Unter *Erzählzeit* verstehen wir die Zeitspanne, die zum Lesen der Geschichte (oder zum Erzählen) gebraucht wird.

Also: Schreiben Sie sich auf, wann Ihre Geschichte spielt und welchen Zeitraum Sie schildern wollen.

6.6 Erzähler und Erzählperspektive

Ob Sie in der ersten oder in der dritten Person erzählen, haben Sie ja schon im Kapitel 5 entschieden. Nun müssen Sie entscheiden, wer die Geschichte erzählt. Ist es einer, der in alle Köpfe schauen kann (ein allwissender oder auktorialer Erzähler)? Oder wird aus der Perspektive einer Figur in der Geschichte erzählt?

Es kann in längeren Texten auch sinnvoll sein, dass Sie gelegentlich die Perspektive wechseln. Die grundsätzliche Perspektive der Geschichte geben Sie als Schriftsteller vor. Mitreißende Kurzgeschichten werden meist aus einer einzigen Perspektive erzählt. Dies erkennt man ganz gut, wenn ein Schauplatz oder ein Ereignis beschrieben wird.

Ein Beispiel:

Eva schloss die Tür hinter sich. Paul saß direkt daneben; er drehte seinen Kopf weg. Noch nie hatte er seine Schwester hier getroffen. Eine der oberen Bänke war frei. Wie eine Katze kletterte Eva auf die Bank darunter. Bedächtig breitete sie das Handtuch aus. Im Bücken drehte sie den Kopf zum Thermometer. Paul wusste, dass es neunzig Grad anzeigte. Eva richtete sich auf. Der Sekundenzeiger der Wanduhr schien für einen Moment zu verharren, als sie ihren Bademantel ablegte. Niemals hatte er sie nackt gesehen. Geschmeidig bewegte sie den Oberkörper nach vorne, legte umständlich den Umhang zusammen, um ihn schließlich als Nackenrolle auf das Saunatuch zu drapieren. Das Hygrometer zeigte eine Luftfeuchte von siebzig Prozent an. Paul hörte das Brodeln hinter der Wand überlaut, begleitet von einem fernen Rauschen. Das konnte die leise Meditationsmusik nicht überdecken.

Paul atmete lautlos ein. Der Aufguss war keine fünf Minuten her. Er schmeckte ihn noch auf der Zunge. Trotzdem nahm seine Nase den Hauch von Chanel No. 5 wahr. Er kam eindeutig von Eva. Vermischt mit Hugo Boss. Ein Zwanzigjähriger schien diesen zu verströmen. Er saß einen Meter rechts von Eva, eine Bank tiefer, mit starrem Auge. Paul linste um die Ecke. Eva schaute zu dem Jungen, der verräterisch die Hand in den Schoß legte. Links von ihr hob ein älterer Herr im Liegen seinen Kopf. Eva setzte sich behutsam. Sie zog die Beine zum Körper. Ihre Hände strichen über die glatte Oberfläche des warmen Teakholzes der Bank. Ob sie sich erst hinlegen würde, wenn sie zu schwitzen begann?

Ein Geräusch. Das Licht verdunkelte sich. Eva wischte sich eine Schweißperle aus dem Auge. Die Tür ging auf. Sie griff hastig nach ihrem Bademantel.

Also: Eine Konfliktgeschichte wird mitreißender, wenn sie aus einer einzigen Perspektive erzählt wird.

6.7 Übung: Ideen – beschreiben Sie zehn Lieblinge

Schreiben Sie über wenigstens zehn Menschen, Fahrzeuge, Orte, Ideen, Kunstwerke, Pop Songs, Filme, Theaterstücke, die Sie besonders mögen. Erwähnen Sie jeweils kurz, warum sie von Ihnen gemocht werden.

Als ich die Beispiele schrieb, die Sie weiter unten finden, fand ich es schade, dass es nur zehn sein sollten. Sie dürfen natürlich beliebig viele aufschreiben. Es lohnt sich.

Beispiel:

Stephen Hawking – weil er auch Deppen wie mir erklärt, wie das Weltall funktioniert. Und das, obwohl er seit 1968 auf den Rollstuhl angewiesen ist.

Kassel – weil dort alle fünf Jahre die *Documenta* stattfindet.

Das bedingungslose Grundeinkommen – weil damit auch Künstler, Musiker, Schauspieler und Lyriker ein bescheidenes, aber sorgenfreies Leben führen könnten.

Misty – weil *Erroll Garner* mit dieser Komposition zeigte, dass ein einzelnes Klavier die Hitparaden erobern kann.

Andreas Gursky – weil seine Fotografien in der digitalen Bilderflut einen Damm bilden.

Rio Bravo – weil der Film zeigt, dass auch ein Western hochliterarisch sein kann.

Konrad Zuse – weil er den ersten Computer gebaut hat.

Woyzeck – weil *Georg Büchner* mit diesem Theaterstück die Sprache des Films schon vor fast zweihundert Jahren erfand.

Google – als beste Suchmaschine.

Patrick Süskind – weil er *Das Parfüm* geschrieben hat.

Empfohlene Literatur:

Stein, Sol: Über das Schreiben. Berlin: Autorenhaus 2015.

7 FIGURENENTWICKLUNG

Sie haben nun alles vorbereitet, sitzen an einem ruhigen Arbeitsplatz, wissen, dass Sie ungestört arbeiten können. Was Sie noch brauchen, sind die Figuren in Ihrer Geschichte. Sonst können Sie nicht anfangen.

Gemeinsam entwickeln wir jetzt einen *Protagonisten* (eine *Hauptfigur*, die woanders auch 'Held' genannt wird) und seinen *Gegenspieler* (der heißt gelegentlich auch *Antagonist*). Für den Anfang ist es leichter, wenn Sie beide nacheinander und völlig entgegengesetzt entwickeln. Vergessen Sie nicht, dass auch der Held (der Protagonist) dunkle Seiten hat – und der Gegenspieler (der Antagonist) durchaus sympathisch sein kann. Die Hauptfiguren reagieren im Allgemeinen fahrig und unangemessen. Wenn es allerdings darauf ankommt, tut der Protagonist immer das Richtige. Deshalb werden wir uns auch ein ganz kleines bisschen die Psychologie der Figuren ansehen.

Die Figurenentwicklung fängt damit an, dass der Protagonist einen Wunsch hat. In einer längeren Geschichte oder einem Roman sollte es einen äußeren Wunsch geben, den er allen Menschen mitteilt – und einen geheimen, den er meistens für sich behält. Wann der Leser von diesen Wünschen erfährt, ist damit noch nicht gesagt. Dieser Wunsch ist ganz dringend. Der Protagonist würde alles, wirklich alles tun, damit dieser Wunsch schnell erfüllt wird. Dummerweise gibt es einen Gegenspieler. Und der tut wirklich alles, um dies zu verhindern. Es gibt keine Gemeinheit, die er dafür ausließe.

Stellen Sie sich die achte Jahrgangsstufe einer Großstadtschule vor. Kai, der Klassensprecher spielt seit Weihnachten Gitarre. Beim Gitarrenunterricht lernt er ein gleichaltriges Mädchen kennen. Sie möchten eine Band gründen. Der Freund des Mädchens will Schlagzeug lernen. Kai hat Jule gefragt, ob sie singen will. Sie ist die Flippigste in der Klasse. Die Geschichte beginnt, als Ole gefragt wird, ob er in der Band die Tasten drücken will. Ole hat kaum richtige Freunde und bisher hatte er weder zu Kai noch zu Jule Kontakt. Aber er kann Klavier spielen. Sogar viel länger als die anderen. Nun ist er ganz begierig, mitzumachen. Er kann arrangieren und harmonisieren. Das gefällt den anderen. Außerdem ist er in Jule verknallt, was natürlich niemand weiß. Das darf auch niemand wissen; Kai ist nämlich ebenfalls scharf auf sie. Und der ist viel erwachsener als die anderen. Sein Wunsch ist also Jule. Und das wird Kai um alles in der Welt verhindern. Aber sein innerster Wunsch ist natürlich, ein Pop-Star zu werden – obwohl er weiß, dass dieser Traum sich noch weniger erfüllen lässt als der mit Jule. Das könnte der Anfang einer spannenden Geschichte sein.

Also: Wir entwickeln nacheinander den Protagonisten und den Antagonisten (die Hauptfigur und den Gegenspieler). Zumindest bei der ersten Geschichte sollten beide möglichst gegensätzlich sein. Der Protagonist hat einen dringenden Wunsch und der Antagonist will diesen verhindern.

7.1 Name, Geschlecht, Alter, Größe, Gewicht

Alle Figuren sollten unterschiedliche Vornamen tragen. Schon, um nicht verwechselt zu werden. Deshalb werden Sie in Ihrer Filialdatei eine Namensliste anlegen. Im Netz gibt es zahlreiche Seiten für männliche und weibliche Vornamen. Auch die Nachnamen sollen sich stark unterscheiden. Recherchieren Sie im Internet, ob es Menschen dieses Namens gibt. Ändern Sie einen einzigen Buchstaben des Nachnamens, damit es diese Figur nicht im richtigen Leben gibt. ‚Sprechende Namen' (wie *Fangfix* für einen Polizisten) eignen sich kaum für seriöse Geschichten.

Bleiben Sie bei der Hauptfigur. Ist sie männlich oder weiblich? Einen schönen Namen haben Sie ihr gegeben. Wie alt ist sie? Erfinden Sie ein genaues Geburtsdatum. Schreiben Sie es auf. So können Sie später in ein simples Horoskop schauen, wenn sie ihr ein paar typische Charaktereigenschaften geben wollen. Wenn Sie Größe und Gewicht notieren, schreiben Sie gleich passende Eigenschaften dazu: Wie tritt die Figur auf? Schwerfällig, schleichend, unauffällig oder selbstsicher? Wenn sie sehr groß ist: Neigt sie den Kopf, wenn sie mit Kleineren spricht?

Also: In Ihrer Filialdatei gibt es eine Liste mit den Namen der Figuren. Sind die Vornamen schon unterschiedlich, so unterscheiden sich die Nachnamen stark voneinander. Googlen Sie die Namen, damit Sie sich keinen Ärger einhandeln. Oft genügt das Ändern eines Buchstabens, um den Namen einmalig zu machen. Vermeiden Sie ‚sprechende Namen'.

Beginnen Sie mit der Hauptfigur. Bestimmen Sie Geschlecht, Geburtsdatum, Größe und Gewicht. Ordnen Sie äußere Eigenschaften zu, wie die Figur in der Öffentlichkeit erscheint.

7.2 Familie, frühe Erfahrungen, Sozialisation

Wie war die Kindheit der Hauptfigur? Hatte sie Geschwister? Hat sie sich mit ihnen geprügelt? Waren die Eltern autoritär? Wurden Geschwister bevorzugt? War sie in der Schule unauffällig, ein Klassenclown, ein Sympathikus mit großer Clique? Gab es dunkle Punkte während der Pubertät? Sexuelle Erfahrungen? Freunde, Freundinnen, ältere Liebhaber? Was geschah während der Ausbildung? Wie wohnte sie während des Studiums? Gab es einen Ortswechsel? Neue Freunde?

Also: Beschreiben sie für die Figur die Kindheit, Geschwister, Eltern, Schule, Pubertät, erste Sexualität, Freunde, Ausbildung, Studium, Ortswechsel.

7.3 Beruf, Einkommen, Kollegen

Welchen aktuellen Beruf übt die Hauptperson aus; wie ist ihr heutiges Einkommen? Welcher Art ist die Tätigkeit? Was ist das für ein Unternehmen? Wie sind die Kollegen, Vorgesetzten, Untergebenen, Auszubildenden? Ist sie momentan arbeitslos?

Also: Beschreiben Sie die derzeitige berufliche Situation für die Figur, das Einkommen, die Art der Tätigkeit, Vorgesetzte, Untergebene, Auszubildende etc.

7.4 Partner, Kinder, Hobbies, Vereine, Freunde

Wie sieht das Privatleben aus? Gibt es eine Familie, Partnerschaft, Kinder, Eltern, die zu versorgen sind? Welchen Hobbies geht sie nach, in welchen Vereinen? Gibt es viele Freunde oder gar keine? Ist sie vielleicht Single, geschieden, getrennt lebend, verfolgt sie der ehemalige Partner noch, eventuell telefonisch? Sucht sie einen neuen Partner, im Internet, über Zeitungsanzeigen, eine Agentur?

7.5 Schmuck, Feuerzeug, Uhr, Telefon, Tasche, Kleidung

Trägt Ihre Hauptfigur Schmuck, der nicht zu ihr passt? Sind Feuerzeug, Uhr, Telefon, Tasche auffällig? Woher bekommt sie diese Sachen? Aus dem Fachgeschäft, einem Second-Hand-Laden, einem Flohmarkt? Ist der Schmuck echt oder nur Dekoration? Ist vielleicht die Uhr ein Erbstück? Ist die Kleidung gepflegt, sportlich, nachlässig, schlampig, bei welchen Gelegenheiten? Trägt sie die Haare glatt, lockig, lang, schulterlang, kurz, welche Haarfarbe? Gibt es etwas Unveränderliches? Tattoos? Wenn es eine Frau ist: Zeigt sie gern Haut, ist der Po oder der Busen sehr groß, sind die Beine kurz, für die Körpergröße? Wenn es ein Mann ist: Zeigt er gern Muskeln, ist er muskulös, hat er ein Bäuchlein, lange Arme, Bart?

Also: Beschreiben Sie das Äußere der Figur in verschiedenen Zusammenhängen.

7.6 Wohnform, Sprache, Auftreten, Vorlieben

Wohnt sie in einem Haus mit Garten, einer (kleinen) Wohnung, einer WG, im Grünen, in der Innenstadt? Ist sie eloquent, tritt sie selbstsicher auf? Liebt sie Theater- oder Konzertbesuche, Kino, Nachtclub, Fernsehen, Internet, Kunst, Literatur? Spielt sie ein Instrument? Fährt sie immer mit dem Auto, gelegentlich oder oft mit Öffentlichen Verkehrsmitteln?

Also: Wie ist die Wohnsituation der Figur? Wie tritt sie auf? Was tut sie in ihrer Freizeit? Wie bewegt sie sich?

7.7 Weltsicht, Charakterzug, was gibt sie vor?

Wie ist sie politisch eingestellt, eher links, rechts, grün, wirtschaftsliberal, religiös, Mitglied einer Sekte? Ist sie grundsätzlich pünktlich, zuverlässig, lügt sie gewohnheitsmäßig, stiehlt sie gelegentlich? Wie sieht sie sich selbst? Tut sie gebildet, bescheiden, wichtig? Hat sie einen körperlichen Makel, den sie überspielt; sieht, hört sie schlecht, ist ein Bein zu kurz, brechen ihr schnell die Fingernägel, leidet sie unter Blähungen, hat sie eine schwache Blase? Raucht sie, trinkt sie?

Also: Wie ist die Weltsicht der Figur, Charakterzüge, Überzeugungen, Laster, Gewohnheiten?

7.8 Figurenpsychologie

Wie bereits erwähnt, handelt die Figur unangemessen, gelegentlich sogar völlig unvorhersehbar und inkonsequent. Dafür gibt es psychologische Ursachen, die wir uns jetzt in verschiedenen Erklärungsmustern ansehen. Damit ist noch nichts über die Zuverlässigkeit der Theorien gesagt. Ordnen Sie Ihren Figuren in jedem Fall spezifische Sprachmerkmale (7.8.5) sowie passende Affekte zu (7.8.6).

7.8.1 Freuds Unbewusstes

Widersprüchliches Verhalten lässt sich mit dem Unbewussten erklären. Sigmund Freud glaubte, dass unser Verhalten vor allem vom Unterbewusstsein und dem Über-Ich bestimmt wird. Das triebhafte Unterbewusstsein wurde in der Kindheit konditioniert und das Über-Ich wird davon bestimmt, wie wir uns selbst in der Gesellschaft erleben möchten. Nach diesen Theorien bestimmen vergessene Erlebnisse in der Kindheit das aktuelle Handeln.

7.8.2 Transaktionsanalyse

Das Kind-Ich umfasst die spontanen und emotionalen Reaktionen ohne Sicht auf die Konsequenzen; das Eltern-Ich umfasst Fürsorge und Ernährung; das Erwachsenen-Ich die logische Analyse. Die drei Ich-Zustände sind dem Bewusstsein zugänglich, so dass sie später nüchtern analysiert werden können. Nur wenn zwei Personen auf der gleichen Ebene kommunizieren, glückt die Kommunikation. Sonst gibt es Streit und sie reden aneinander vorbei.

7.8.3 Lebensplan (Skript)

Die Verhaltensweisen werden oft sehr früh festgelegt. Sie prägen das ganze Leben, ebenso wie persönliche Deformationen mit einer Ursache in der Kindheit. Beispielsweise prägt das Elternhaus die Figur so, dass der Sinn des Lebens im Glauben an Gott, einer Familie mit Kindern und dem Bau eines Hauses besteht. In der Pubertät wird diese Prägung ignoriert, um Jahre später wieder darauf zurückzukommen.

Also: Die Figur handelt im Zweifel unangemessen, fahrig, unvorhersehbar. Das kann durch verschiedene psychologische Ursachen erklärt werden. Informieren Sie sich beispielsweise in den folgenden leicht verständlichen Werken über Neurosen (Dyer, Wayne D.: Der wunde Punkt. Die Kunst nicht unglücklich zu sein. Reinbek: Rowohlt [36]2013), Transaktionsanalyse (Harris, Thomas A.: Ich bin o.k. Du bist o.k. – eine Einführung in die Transaktionsanalyse. Reinbek: rororo [49]1975) und moderne Psychotherapie (Lütz, Manfred: Irre – wir behandeln die Falschen. München: Goldmann 2011).

7.8.4 Die (verräterische) Sprache der Figuren

Idealerweise unterscheiden sich die Hauptfiguren durch ihre Sprache. Die Figur, die am meisten spricht, sollte sich der hochdeutschen Standardsprache bedienen.

Wie bereits erwähnt sind Dialekte unerwünscht; nicht alle Leser verstehen sie. Es kann jedoch erwähnt werden, dass die Aussprache einer Figur zum Beispiel hessisch/sächsisch/amerikanisch gefärbt ist.

Der Wortschatz der meisten Figuren ist stark begrenzt. Dirty Talk (schmutzige Wörter wie Fotze, ficken, Arsch) sind bei den meisten Verlagen unerwünscht. Wir umschreiben solche Begriffe mit standardsprachlichen Ausdrücken (decorum).

Eines der folgenden (Wortschatz-) Merkmale sollte bei der Figur jedes Mal verwandt werden, wenn sie spricht (es empfiehlt sich, dies als Merkmal in der Filialdatei zu notieren!).

Behutsame Umgangssprache: *isso* (statt *ist so*) – nee

Verschliff: *hamma* statt *haben wir* – *nich* statt *nicht*

Se statt Sie: *haste, biste* – *aufn, untern*

Falscher Plural: *Stühlens, Jungens, Leutens, Apfels*

Falscher Kasus: *mir* statt *mich* – das Brot *vom* Bäcker

Jugendsprache: *Voll der Prolo – ich bin der Öko-Typ – übelst angemacht – total schnell – absolut abgefahren – sich etwas 'reinziehen*

Fehlerhafte Syntax: *Ich bin gewesen im Kino – Würden Sie sein so freundlich mir zu helfen?* (z. B. Migranten)

DDR-Sprache: *Das ist Fakt – Plaste – Nasszelle*

Sprichwörtliche Redensarten (wenige tauchen wiederholt auf): *macht mich immer völlig fertig – ich habe gedacht, ich flippe/ raste aus – es reicht*

Metapher: *Das ist der/ die Vater/ Mutter aller Lügen.*

Metonymie: *Hast Du mal ein Handy?*

Synekdoche: *Mein Rolls Royce bringt mich hin.*

Fachausdrücke: Wenn sie einmal erklärt wurden, kann eine Figur sie immer wieder verwenden. (Sprache der Mediziner, Soziologen, Jäger, Ökonomen, Politiker, Psychologen, Drucker etc.): *Partus* (Geburt) – *Löffel* (Ohren des Hasen) etc.

Begriffe der Esoterik: Einige sind in die Standardsprache eingegangen und brauchen nicht erläutert zu werden. In einem fiktionalen Text sollten sie nur von einer Person gebraucht werden, zum Beispiel: *Aszendent* (Ekliptikgrad über dem Horizont) oder *Kulmination* (tiefster Punkt unter dem Horizont).

Also: Idealerweise unterscheiden sich Figuren durch das, was sie sagen. Ordnen Sie den Hauptfiguren einige der obigen Sprach-Merkmale zu und schreiben Sie das in die Filialdatei.

7.8.5 Emotionen (Affekte)

Affekte werden durch bewusste oder unbewusste Wahrnehmung eines Ereignisses ausgelöst – keinesfalls aber vom Bewusstsein selbst. Sie verändern nicht nur Psyche und Physis, sondern insbesondere das Sozialverhalten. Wer von einem Affekt heimgesucht wird, hat sich nicht mehr in der Gewalt.

Hochmut/Eitelkeit/Übermut/Stolz
Demut/Bescheidenheit/Selbsterkenntnis
Geiz /(Hab-) Gier
Freigiebigkeit/Mäßigung/Sparsamkeit/Selbstlosigkeit
Wollust/Ausschweifung/Genuss-Sucht/Begehren
Keuschheit/Selbstbeherrschung/Mäßigung/Entbehrung
Zorn/Wut/Rachsucht
Gemütsruhe/Geduld/Nachsicht/Besonnenheit
Völlerei/Gefräßigkeit/Maßlosigkeit/Selbstsucht
Mäßigung/Fasten/Verzicht
Neid/Eifersucht/Missgunst
Wohlwollen/Großzügigkeit/Gönnerhaftigkeit
Faulheit/Feigheit/Ignoranz/Trägheit des Herzens
Fleiß/Mut/Interesse/Lebenslust/Freude
Schmerz/Trauer/Kummer/Leid/Sorge/Verdruss/Überdruss
Ekel/Abscheu
Sympathie/Wohlgefallen/Appetit/Begierde/Neigung/Verlangen
Furcht/Angst
Zutrauen/Neugier/Phlegma/Nervosität/Ruhe

Also: Wenn Affekte zuschlagen, verlieren die Figuren die Kontrolle über sich selbst. Damit können Sie beliebig spielen. Einige Figuren sind für ganz bestimmte Affekte anfällig. Schreiben Sie diese Affekte in die Filialdatei.

7.9 Gegenspieler/Tutor/Freund

Vergessen Sie nie, dass auch der Gegenspieler sympathische Seiten hat.

Also: Sie entwickeln den Antagonisten nach dem gleichen Schema wie die Hauptfigur. Beginnen Sie ebenfalls mit Name, Geschlecht und Geburtsdatum.

7.10 Nebenfiguren – Typen

Wenn Figuren nur eine Nebenrolle spielen, genügen oft ein oder zwei Charakterzüge.

Also: Nebenfiguren müssen nicht so ausführlich entwickelt werden, wie Protagonist und Antagonist. Typen genügen meist. Sie sind Kellner, Friseure, Postboten, Busfahrer, Bademeister. Oft merken Sie erst im Laufe der Geschichte, welche Typen noch auftauchen sollten. Die Nebenfiguren können jedoch auch während des Schreibens noch kreiert werden.

7.11 Übung – eine Figur

Entwickeln Sie eine Figur (als Protagonist oder Antagonist) nach dem obigen Schema.

Beispiel:

Protagonist: Bodo C(arl). von Zuffen *12.5.1968 – 1,70 m – 85 kg – Stirnglatze, dünnes hellblondes Haar – läuft gern federnd, ist aber unsportlich –

hat eine schwache Blase und ein Waschbecken im Büro, in das er manchmal uriniert, weil er zu faul ist, immer zur Toilette zu gehen – bohrt sich im Ohr, wenn er nachdenkt oder wenn ihm etwas unangenehm ist.

Werdegang: War der jüngste Sohn von drei – Eltern geschieden, wuchs allein mit der Mutter in Freiburg auf – Mutter Gymnasial-Lehrerin Deutsch/Geschichte – hatte als Kind keine Freundin/Freunde, kaum Kontakt zu Brüdern oder Vater – Studium Theologie/Literatur in Freiburg – Rhetorik bei Walter Jens – 1993 Volontär beim Südwestfunk – dann Freier Journalist – 1997 Redakteur Freie Post Zuffenbach, seit 2005 Chefredakteur – gesellig – beliebt im Büro – entscheidungsschwach – schiebt Probleme gern auf.

Privatleben: Seit 1995 verheiratet mit Angela von Zuffen, die er bei einem Interview kennenlernte – [sie *30.9.1960 – 1,75 m – 65 kg – blond – Pagenschnitt – reiche Erbin (s. u.) – war früher angeblich erfolgreiches Model] – 2 Kinder 16 + 18 J – er spielt (schwach) Keyboard in einer Rockband – Villa mit Gartenhaus in Zuffenbach – fliegt einmal im Monat in ein Erotikhotel in Liechtenstein (Red House, Weite).

Äußeres: auffällig breiter Ehering rechts – am rechten Mittelfinger ein Siegelring mit großer Rose – grauer Anzug, weißes Hemd, bunte Krawatte – große Seiko-Armbanduhr – Bifokalbrille – schwarze Lederschuhe – schwarze Socken – ab Herbst Trenchcoat bis in den Sommer – Dienstwagen Mercedes D 220 d 4matic (45.000 €).

Ansichten: Sinnesfreude statt Abstinenz – Lebenskraft statt Hirngespinste – unverfälschte Weisheit statt heuchlerischem Selbstbetrug – Güte gegenüber denen, die sie verdienen, statt Liebe an Undankbare – Rache statt Hinhalten der anderen

Wange – Verantwortung für die Verantwortungsbewussten statt Fürsorge für psychische Vampire – der Mensch ist lediglich ein Tier unter anderen Tieren, manchmal besser, häufig jedoch schlechter als die Vierbeiner, da er auf Grund seiner „göttlichen, geistigen und intellektuellen Entwicklung" zum bösartigsten aller Tiere geworden ist – alle sogenannten Sünden führen zu physischer, geistiger und emotionaler Erfüllung – Wunsch: Freie Post profitabel machen – Geheimer Wunsch: Zeitung übernehmen.

Recherche zur Rose: Die Gründe für die heraldische Verwendung der Rose liegen in der Symbolik als „Blume" der Liebe, der Lebensfreude, des Glücks. Der Ruf der Blüte als Symbol der Götter des Genusses (*Bacchus*) und der Liebe (*Venus, Aphrodite*) in der Antike ließ sie im spätantiken und frühmittelalterlichen Christentum als lasterhafte Blume der Erotik erscheinen. Auch in den sinnlich obszönen Festen der Göttin *Flora* im antiken Rom waren Rosen durch die Straßen getragen worden. Die Rose wurde mit dem weiblichen Geschlechtsteil und der *Menstruation* (Monatsrose, Weiberrose) in Verbindung gebracht. Die Nymphe Chloris (lat. Flora) wird im Frühling von der Verkörperung des Westwindes *Zephyr* verfolgt und zu seiner Frau gemacht. In den *allegorischen* Darstellungen der vier Jahreszeiten verkörpert Flora den *Frühling.*

Ehefrau: Angela von Zuffen (*30.9.1960, 1,75 m, 65 kg, blond, Pagenfrisur) – Geschäftsführerin und Alleingesellschafterin Systemhaus Teslapol-GmbH – hat das Unternehmen vor 20 Jahren übernommen, nachdem ihr Vater starb – 2 Kinder 16 + 18 – war angeblich erfolgreiches Model – lacht selten – esoterisch – hat überall in der Wohnung heilende Steine – hat ihren BWL-Abschluss nur geschafft, weil sie sich von einem Professor nackt fotografieren ließ, vielleicht auch mehr – leidenschaftliche Amateurfotografin – Wunsch: viel Geld – Geheimer Wunsch: Anerkennung/Liebe; sich um das Haus kümmern, Bodo, die Kinder zu Hause, ihr Hobby – Veganerin – Spruch: Als Model musst Du kerngesund sein.

Anmerkung: Für eine Kurzgeschichte werden Sie es nicht ganz so ausführlich brauchen; da genügt vielleicht ein Drittel davon. Wollen Sie jedoch einen Roman schreiben, lohnt es sich, eine richtige (natürlich fiktive) Biografie zu erarbeiten.

Noch ein Tipp: Nehmen Sie keine Rücksicht auf Ihren Helden oder Ihre Heldin. Jeder von uns hat in seinem Inneren dunkle Seiten – auch wenn er die eine oder andere aus Mangel an Gelegenheit (noch) nicht ausgelebt hat. Wichtig ist, dass der Protagonist irgendwann, wenn es nämlich wirklich darauf ankommt, genau das Richtige tut. Und dann sind alle Sünden der Vergangenheit vergeben.

Entspannen Sie sich – Kaffeehaus

„Cappuccino mit Milch."

„Gern." Die Serviererin im Café Bohne lächelt, während sie sich wegdreht.

Ob sie etwas gemerkt hat? An den belegten Tischen sitzt meist nur eine Person. Und jeder zweite Tisch ist besetzt. Warum sollte er da auffallen? Kurzärmeliges Baumwollhemd, Sommerschuhe, Jeans. Das tragen viele. Aber in diesem Gewerbe entwickeln die Mitarbeiter nach kurzer Zeit eine enorme Menschenkenntnis. Das weiß er. Aus seiner Umhängetasche nimmt er eine *Financial Times*. Er legt sie so hin, dass man sie gut sehen kann, andererseits aber noch genug Platz für die Kaffeetasse bleibt. Die Kellnerin nähert sich.

„Ihr Cappuccino." Vorsichtig setzt sie die Untertasse auf die Tischplatte. Die Dame am Nachbartisch ruft, dass sie bezahlen will. Er ist wieder allein.

So eine Kellnerin muss vieles im Kopf behalten. Einzelne Gäste vergisst sie sicherlich schnell. Und so ein ‚Blind-Date' erlebt sie in diesem Geschäft wohl täglich. Das Café Bohne ist mitten in der Stadt. Gut, dass ihn hier niemand kennt.

Er findet den Einfall genial, eine bestimmte Zeitung auf den Tisch zu legen. Dadurch wird sie gleich merken, dass er sich eigene Gedanken macht. Natürlich liest er nicht das, was alle lesen; den Zeitungstitel hat er sorgsam ausgewählt. Ebenso wie das Hemd im ‚Batik-Look'. In die Brusttasche hat er den dicken Lamy-Kugelschreiber gesteckt. Alles soll zufällig wirken. Lässig. So wie seine Lebensphilosophie.

Auch wenn die Hose ausgewaschen aussieht, ist sie nagelneu. Sie ist so eng, dass sie ihn ein bisschen drückt. Die italienischen Wildlederschuhe hat er gestern gekauft. Mit einer kleinen Bürste hat er sie ein bisschen bearbeitet, damit man das nicht merkt. An die Seiko-Uhr hat er sich ein neues Lederarmband machen lassen. Edle Einfalt, stille Größe – das ist sein Stil. Ebenso wie das Café Bohne. Langsam hebt er die Kaffeetasse an den Mund.

Eine nahe Kirchturmuhr schlägt vier Mal. Er rechnet damit, dass sie sich fünf Minuten verspätet. Das würde zu ihr passen. Nach dem Wenigen, das er von ihr weiß.

Soeben begrüßt ein Herr im Anzug eine blonde Dame zwei Tische weiter. Sehr förmlich setzt er sich. Offensichtlich sehen sie sich zum ersten

Mal. An dem verknitterten Hemdkragen kann man erkennen, dass er nicht häufig einen Schlips trägt. Der Mann schwitzt, aber er traut sich nicht, die Jacke auszuziehen. Sie schaut auf ihr Handgelenk, wo sie wahrscheinlich sonst eine Uhr trägt. Verlegen schiebt sie sich eine Strähne aus der Stirn. Sie ist wie aus dem Ei gepellt. Hellblaues Kostüm, weiße Bluse, hochhackige Schuhe, alles frisch aus dem Kaufhausregal. Dutzendware. Klar, dass sie sich mit einem Anzugträger abgibt.

Was Erika wohl anhat? Viel mehr als ihren Namen weiß er nicht von ihr. Aber sie ist eine Individualistin. Er schaut zum Eingang. Die hochgewachsene Brünette mit der bunten Bluse könnte es sein. Sie trägt eine weiße Sommerhose. Den Rucksack lässig über die rechte Schulter gehängt. Ein Kellner gibt ihr Küsschen. Sie geht mit ihm an die Theke. Ihr Gesicht war ihm gleich unsympathisch. Und jetzt lässt sie sich von dem ekligen Kerl auch noch begrapschen.

So ein Kaffeehaus ist ein kleines Universum. Menschen unterschiedlichen Alters aus allen Schichten treffen sich hier. In der Ecke sitzt eine kleine Geburtstagsgesellschaft. Das junge Pärchen am Nebentisch teilt sich einen Flammkuchen. Der Anzug bei der Blondine hat eine Flasche Wasser bestellt. Jetzt redet er unablässig auf sie ein. Wäre die Hintergrundmusik leiser, könnte man es vielleicht verstehen. Die Blonde streicht sich mit der Hand durch das Gesicht. Ob sie weiß, wie unvorteilhaft sie dabei aussieht? Jetzt beugt sie sich etwas nach vorne. Züchtig legt sie die Hand auf den Ausschnitt ihrer Bluse. Den findet er ohnehin gewagt, für ein ‚Blind-Date'.

Eine große Gestalt in der Tür. Das muss sie sein. Wehendes Haar, weißes T-Shirt, enge Jeans. Sie rennt auf eine Frau zu, die sie augenscheinlich kennt. Warum müssen sich Freundinnen eigentlich in aller Öffentlichkeit abschlecken?

Seine Uhr zeigt zwölf nach vier. Eine Viertelstunde ist sein Limit. Er fasst nach dem schmalen Heft, das hier als Karte dient, um den Preis für den Cappuccino zu erfahren. ‚Willkommen im Café Zur heißen Tasse' steht auf dem Titelblatt. Er klappt die Karte zu und liest noch einmal.

„Zahlen bitte."

8 DIE DRAMATISCHE STRUKTUR EINER GESCHICHTE

Wenn sich unsere Altvorderen Gedanken um die Dramatik machten, dachten sie vor allem an das Theater. Grob kann man Theaterstücke (oder Dramen) in Tragödien und Komödien unterteilen, was bereits Aristoteles (384-322 v. Chr.) tat. Während in der Tragödie am Ende Leichen auf der Bühne liegen, wird in der Komödie am Ende meist geheiratet. Deshalb wurde aus der Tragödie vor zweihundert Jahren das Trauerspiel, aus der Komödie hingegen das Lustspiel. (Ganz so einfach ist es für Literaturwissenschaftler natürlich nicht, aber für unsere Zwecke reicht diese Einordnung.)

8.1 Das Fünf-Akt-Schema nach Freytag

Nach Gustav Freytag (1816-1895) hat ein Drama fünf Akte (Aufzüge). Das funktioniert auch in der erzählenden Literatur so gut, dass zahlreiche Bestseller sich immer noch danach ausrichten. Selbst Hollywood greift regelmäßig darauf zurück; darüber sprechen wir noch. Jeder Akt hat nach Freytag eine besondere Funktion.

8.1.1 Exposition

Die Hauptfiguren werden redend eingeführt – der dramatische Konflikt kündigt sich an. Wir erfahren, *wo* und *wann* es spielt.

8.1.2 Komplikation

Steigende Handlung mit erregendem Moment – der Konflikt verschärft sich. Es muss etwas passieren.

8.1.3 Peripetie

Umkehr der Glücksumstände des Helden – die Handlung erreicht Ihre Klimax (Höhepunkt). Nichts ist mehr, wie es war.

8.1.4 Retardation

Fallende Handlung mit retardierendem Moment – die Handlung verlangsamt sich. Der Protagonist trägt menschliche Züge.

8.1.5 Katastrophe/Lösung

Tragödie: Es kommt zur Katastrophe – der Held kommt um, meist, weil er sich selbst eine Falle gestellt hat.

Komödie: Alle Konflikte werden gelöst – die Handelnden werden sittlich geläutert (Katharsis) – Massenumarmung

Also: Für die *Exposition* und für die *Katastrophe/Lösung* werden in Prosatexten jeweils etwa ein Fünftel des Textes reserviert, für *Komplikation*, *Peripetie* und *Retardation* insgesamt etwas mehr als die Hälfte. Das ist ein gutes Rezept für Geschichten aller Art, selbst für Hausarbeiten: Jeweils ein Fünftel bekommen *Einleitung* und *Fazit*; der *Hauptteil* bekommt etwas mehr als die Hälfte des Textumfanges.

8.2 Hollywood-Schema (angelehnt an Gustav Freytag)

Dieser Ablauf taucht wie bereits erwähnt in zahlreichen aktuellen Bestsellern auf und ist bis heute der Standard im typischen Hollywood-Film. Probieren Sie es aus, wenn Sie wieder einmal im Kino sitzen. Und orientieren Sie sich daran, wenn Sie eine Novelle oder einen Roman schreiben wollen.

8.2.1 Exposition

a Der Held (in seiner Welt): Was will er scheinbar? (Mitspielen). Was will er wirklich? (Alles).

b Die Tür geht auf.

c Das Angebot – schrecklich und verführerisch.

d Dem Helden geht es gut; er hat scheinbar alles im Griff.

e Ein Schwellenhüter bewacht die geheime Tür.

f Der Held hat Freunde; seine Familie ist intakt.

g Der Held lehnt ab.

8.2.2 Komplikation

h Etwas geht schief.

i Alles fällt auseinander.

j Der Mentor erscheint.

k Der Held überschreitet die erste Schwelle.

l Er stößt auf zahlreiche Hindernisse auf dem Weg.

m Er trifft Feinde und Verbündete – findet Wasserstellen.

n Er kommt in die Nähe der geheimsten Höhle.

8.2.3 Peripetie

o Die Göttin erscheint.

p Das Weib taucht als Verführerin auf.
q Der Held versöhnt sich mit dem Vater.
r Ein Kampf auf Leben und Tod.
s Der Held hat übermächtige Feinde.
t Er findet den Ariadnefaden.
u Der Held lernt; erkennt das Verborgene; verändert sich.
v Er ergreift das Schwert.

8.2.4 Retardation

w Der Held wird geschlagen.
x Das Unwahrscheinliche geschieht: der magische Sieg.
y Der Held kommt zurück über die Schwelle.

8.2.5 Schluss

z Der Protagonist kennt jetzt beide Welten.
ä Der Held löst das (anfängliche) Problem in seiner Welt.
ö Der Protagonist erkennt oder wird belohnt/erlöst.
ü Alles erscheint in einem anderen Licht

Also: Wie bereits erwähnt, ist zu Beginn des dritten Jahrtausends die Konfliktgeschichte am beliebtesten. Sie tritt in jeder Länge auf. Deshalb finden wir sie als Short Story, Novelle oder Roman. Vom Theater oder Film hat sie unter anderem die häufige wörtliche Rede übernommen, die sich in zahlreichen kunstvollen Dialogen zeigt. Die Konfliktgeschichte trifft die Emotionen der Leser stärker als jede andere Form. Für Novellen und Romane eignet sich am besten das obige Hollywood-Schema. Für die Kurzgeschichte gelten etwas andere Gesetze.

8.3 Ablauf für eine Kurzgeschichte/Short Story

Eine Kurzgeschichte sollte höchstens fünfundzwanzig Seiten haben. Da hinein passen kaum mehr als fünf Szenen. Meist sind es weniger. Den Wechsel des Schauplatzes kennzeichnen wir durch Sternchen. Es kommt jedoch vor, dass der Schauplatz überhaupt nicht wechselt. Die Ereignisse werden knapp und präzise geschildert. Der Schriftsteller beobachtet genau, schreibt aber kein Wort zu viel. Erzählt wird aus einer einzigen Perspektive; am besten von einer Figur, mit der sich Leser gern identifizieren. Im Allgemeinen existiert *ein* Handlungsstrang; gelegentlich gibt es zwei davon. So kurz die Geschichte auch ist, die *Gefühle* der Figuren verändern sich *während der Geschichte*. Wenn wir etwas beschreiben, ist dies immer in die Handlung eingewoben. Die Dramaturgie lebt von kunstvoll gebauten Dialogen ohne Wiederholungen. Sie unterstreichen die Dramatik.

Sie glauben, dass Sie das schon einmal gehört haben? Richtig. Das war in Kapitel 6. Und es erscheint mir so wichtig, dass Sie es gerade noch einmal lesen sollten.

Noch ein paar Hinweise für Kurzgeschichten:

Im Zweifel passiert immer das Gegenteil dessen, was der Leser erwartet.

Der Held will scheinbar nur ein Stückchen vom Kuchen; in seinem Inneren will der Held alles.

Was ist das Schlimmste, was dem Helden passieren kann? Das passiert.

Der Held muss schwitzen.

Er handelt fahrig und unangemessen. Wenn es darauf ankommt, tut der Held das Richtige.

Die Reaktionen der Haupt-Beteiligten sind unvorhersehbar.

Dynamik ist wichtiger als Logik.

Es folgt ein neunteiliges Schema für eine Kurzgeschichte. Wenn Sie sich daran halten, verspreche ich Ihnen, dass Sie eine Geschichte schreiben, die Ihre Leser fesselt.

8.3.1 Der Protagonist erscheint.

Er hat dringende Wünsche. Der Leser ist sich noch nicht sicher, wer erscheint; es könnte ja auch der Gegenspieler sein.

8.3.1.1 Was will er scheinbar?

Der erkennbare Wunsch hat mit Geld, Karriere, beruflichem Erfolg zu tun.

8.3.1.2 Was will er wirklich?

Der tiefere Wunsch hat zu tun mit Liebe, Anerkennung, Glück.

8.3.2 Ein Angebot, das der Held nicht ablehnen kann.

Für ihn ist es gleichzeitig eine Chance (für seine Wünsche) und ein Problem – weil es für ihn unbequem wird.

8.3.3 Der Schauplatz wechselt.

Nichts ist mehr wie es war.

8.3.4 Der Protagonist hat scheinbar alles im Griff.

Er erscheint mutig und forsch, hat schnelle Erfolge; es läuft, wie er sich das vorstellt. Nebenbei hat er sogar guten Sex und bekommt oberflächliche Wohltaten. Der Antagonist steht im Abseits.

8.3.5 Etwas läuft schief.

Ein Stein fliegt ins Fenster – spätestens jetzt erscheint der Antagonist. Der Held will nun zwei Dinge, die er nicht gleichzeitig haben kann (er hat einen Loyalitätskonflikt).

8.3.6 Alles fliegt dem Helden um die Ohren.

Er stolpert über die eigenen Füße, springt in die selbstgestellte Falle. Der Antagonist triumphiert.

8.3.7 Aporie – Katastrophe – der Held ist am Ende.

Der Protagonist wird verletzt, gedemütigt, vergewaltigt, geschlagen. Alle Träume zerplatzen.

Er versucht es erneut, trifft auf ein neues Hindernis, findet aber auch neue Verbündete.

Die Fee oder die Hexe verführt ihn, aufzugeben.

Er muss sich stärker anstrengen, um es noch einmal zu versuchen. Dabei trifft er auf unüberwindliche Hindernisse.

Der Held steht vor einer Weggabelung (Aporie). Er muss sich zwischen zwei Loyalitäten entscheiden, die sich gegenseitig ausschließen.

Der Mentor erscheint.

8.3.8 Der Protagonist macht reinen Tisch.

Jetzt geht er ein noch höheres Risiko ein. Das ursprüngliche (scheinbare Wunsch-) Ziel schreibt er ab. Auch alle bisherigen Mühen muss er abschreiben. Dabei gehen alle bisherigen Investitionen verloren. Aber der Protagonist erkennt die Wahrheit (den eigentlichen Wunsch) – er gesteht sich ein, dass er sich selbst etwas vorgemacht hat. Nun handelt er moralisch, ohne zu wissen, ob es sich lohnt.

8.3.9 Schluss – es gibt Sieger und Verlierer.

Der Protagonist kehrt mit dem Gewinn zurück – das ist das *happy end*. Es gibt einen eindeutigen Verlierer. Manche fordern für das Ende so etwas wie eine poetische Gerechtigkeit; in jedem Fall ist das die poetische Wahrheit.

Dies ist das wichtigste Schema im Buch. Deshalb folgt hier eine Kurzversion zum Auswendiglernen:

Ablauf für eine Kurzgeschichte

A Der Held erscheint. Er hat einen dringenden Wunsch.
B Ein Angebot, das der Held nicht ablehnen kann.
C Der Schauplatz wechselt.
D Der Held hat scheinbar alles im Griff.
E Etwas läuft schief.
F Alles fliegt dem Helden um die Ohren.
G Die Katastrophe – der Held ist am Ende.
H Der Held macht reinen Tisch.
I Schluss – es gibt Sieger und Verlierer.

! **Also:** Wenn Sie Short Stories schreiben wollen, sollten Sie das obige Schema auswendig lernen.

8.4 Gegenwartskunst

„Man lasse uns Künstler in Worten sein", forderte Hugo von Hofmannsthal (1874-1929) vor hundert Jahren. Neben der bildenden sowie der darstellenden Kunst und der Musik versteht sich Literatur spätestens seit der Moderne als Teil internationalen Kunstschaffens. Daraus lassen sich gewisse Regeln ableiten. Deshalb soll Literatur kurz aus der Kunst-Perspektive betrachtet werden. Unsere Ansprüche an Kunst haben sich am Ende der Postmoderne gewandelt. Auf einige soll hier eingegangen werden.

8.4.1 Kunst bringt uns zum Grübeln.

Ganz sachlich erwarten wir heute von einem Kunstwerk Denkanstöße. Manche betreiben das Beschäftigen mit Kunst als Gehirnjogging. Dabei spielt es keine Rolle, ob unser sinnliches Empfinden dabei *schön, hässlich* oder *erhaben* ist.

8.4.2 Jeder darf seinen eigenen Kunstbegriff haben.

Die Zeiten sind vorbei, in denen Kunst eindeutig definiert oder interpretiert wurde. Jeder hat das Recht, zu sagen: „Für mich ist das Kunst." Oder auch nicht. Heute wissen wir, dass bei allen Menschen die Sinne unterschiedlich ausgeprägt sind – sie empfinden anders und haben einen anderen Geschmack.

8.4.3 Begriffe müssen geklärt werden.

Solange üblicherweise diskutiert wird, kann jeder sagen, was er will. Will man aber zum *Diskurs* übergehen, müssen zunächst alle Begriffe geklärt werden, über die gesprochen wird. In einem *Diskurs* dürfen also nur begründbare Argumente verwandt werden.

8.4.4 Grundlage eines Kunstwerkes ist das Handwerk.

In unseren ersten fünf Kapiteln haben wir uns mit den handwerklichen Grundlagen des Schreibens beschäftigt. Es sind solche Grundlagen, die künstlerisches Schaffen überhaupt erst ermöglichen. Jeder Künstler ist in seinem Handwerk ein Könner. Das gilt für Maler, Bildhauer, Musiker, Schauspieler ebenso wie für Literaten. Während Handwerker stets optimale Ergebnisse liefern, streben Künstler nach Perfektion.

8.4.5 Kunst ist zweckfrei.

Wer Botschaften zu verkünden hat, gehört auf eine Kanzel – nicht in die Literatur. Wir Schriftsteller wollen die Fantasie unserer Leser beflügeln, indem wir Ideologien zertrümmern – aber nicht festigen. Kunst verfolgt keinen Zweck, außer Kunst zu sein. Nach Roland Barthes hat der Schreiber in sich keine Leidenschaften, Gefühle oder Eindrücke, sondern nur ein großes Wörterbuch.

8.4.6 Kunst sollte nicht elitär sein.

Jeder Betrachter kann aus Kunstwerken Nutzen ziehen. Unser literarisches Angebot richtet sich an alle, die lesen können und vernünftig sind. Es ermuntert jedoch gelegentlich zu weiteren Recherchen, um tiefere Schichten zu erschließen, durch die sich der intellektuelle Gewinn noch vergrößert. Dabei kommt es nicht zwingend darauf an, dass einzigartig formuliert wird. Für Roland Barthes ist jeder Text ein Zitaten-Gewebe aus wenigstens fünftausend Jahren, in denen geschrieben wird.

8.4.7 Wir unterscheiden Form und Inhalt.

Form und Inhalt beziehen sich aufeinander, dürfen aber nicht verwechselt werden. Für die Literarizität kommt es jedoch eher auf das Wie (die Form) an als auf das Was (den Inhalt).

8.4.8 Kunst ist beinahe grenzenlos.

Kunst kann schön oder hässlich sein - muss es aber nicht. Sie darf übertreiben, traurig stimmen, schmerzen, belustigen, erregen. Kunst darf also alles und ist grenzenlos. Kunst mag oberflächlich gefallen, so dass sie sogar Kindern zugänglich ist - und gleichzeitig einen tieferen Sinn haben.

Doch gelten für alle Künstler ethische Grundsätze. In der Antike galten für Künstler die *Kardinaltugenden*: Sie sollten *tapfer*, *weise* und *gerecht* sein, gleichzeitig aber *das richtige Maß* finden. Seit der *Aufklärung* haben sich die Kardinaltugen-den gewandelt. Sie heißen in der Europäischen Union *Freiheit*, *Gerechtigkeit*, *Solidarität* und das Wahren der *Menschenwürde*. Erst hier findet die Kunst ihre Grenzen.

8.4.9 Kunst bereichert unser Leben.

Durch Kunstwerke gewinnen wir stets neue Eindrücke. Dadurch erhält und stärkt sie die Neugier. Neugierige Menschen lernen leichter. Die Feinde der Neugier sind Gewohnheiten, feste Überzeugungen und Vorurteile. Sie bilden sich vor allem aus Angst vor dem Unbekanntem. Wenn ein Kunstwerk es schafft, solche Vorurteile abzubauen, wird die Toleranz gestärkt. Tolerante Menschen begründen ihr Handeln eher moralisch. Das macht das Zusammenleben mit ihnen angenehmer.

8.4.10 Moderne Kunst.

Seit dem Mittelalter verlor die Symbolik in der Kunst nach und nach ihre Kraft. Die Künstler waren nun in der Lage, perspektivisch zu malen, räumlich-dreidimensional und mit natürlichen Farben. Vor etwa hundert Jahren haben sich jedoch alle Kunstsparten radikal verändert. Immer mehr Künstler hörten auf, zu versuchen, die Natur nachzuahmen. Diese Künstler wollten eine neue, eine bessere Welt erschaffen, unbekannte Aspekte aufzeigen, ihre individuellen Eindrücke darstellen. Die Kunst wurde expressiver, es wurde stärker abstrahiert und experimentiert. Die Künstler erkannten und betonten die zeichenhafte Seite der Kunstwerke.

Doch spätestens nach dem Zweiten Weltkrieg wurde die Kunst immer ‚verkopfter'; oft musste sie nun dem Laien erklärt werden.

Das änderte sich in den Siebzigerjahren durch die *Postmoderne*. Sie wollte wieder möglichst viele Menschen an die Kunst heranführen. Theoretiker haben dafür das Wort *niederschwellig* erfunden. Gleichzeitig wurden die unterschiedlichsten Stile gemischt (*Eklektizismus*) und es wurde klar, dass diese Kunst nicht mehr eindeutig interpretierbar war.

Also: Kunst fördert das Nachdenken und jeder kann sich heute seinen *eigenen Kunstbegriff* bilden. Vor einem *Diskurs* müssen die Begriffe geklärt werden. Das *Handwerk* ist nach wie vor die Grundlage künstlerischen Schaffens. Kunst sollte *zweckfrei* und *nicht elitär* sein. *Form* und *Inhalt* beeinflussen sich gegenseitig, dürfen aber nicht verwechselt werden. Kunst *vermindert Vorurteile, bereichert unser Leben* und ist beinahe *grenzenlos.*

8.5 Übung – Schreiben Sie eine Filialdatei

Schreiben Sie eine Filialdatei für eine Kurzgeschichte. Entwickeln Sie einen Protagonisten mit seinem sehnlichsten Wunsch und einen Gegenspieler. Schreiben Sie zu jedem Punkt von 8.3.1 bis 8.3.9 einen erklärenden Satz.

Beispiel:

Protagonist: Bodo C(arl). von Zuffen *12.5.1968 – 1,70 m – 85 kg – Stirnglatze, dünnes hellblondes Haar – Chefredakteur der Freien Post – seit 1995 verheiratet mit Angela von Zuffen, die er bei einem Interview kennenlernte – [sie *30.9.1960 – 1,75m – 65 kg – blond Pagenschnitt – reiche Erbin

Anmerkung: Sie kennen die beiden ja schon aus dem vorigen Kapitel. Deshalb habe ich ihre Biografie an diesem Ort gekürzt. In Ihre Filialdatei schreiben Sie natürlich alles, was sie über ihre Figuren wissen.

Antagonistin: Dr. jur. Beate Bergentau – *13.6.1964, 1,65 m, 75 kg – Verlegerin Pressehaus – mittelbraune schulterlange Haare – Herausgeberin, Allein-Gesellschafterin der Freien Post – Porsche 911 Carrera S Cabriolet silbermetallic – kurzer Rock, weiße Bluse, Seidenstrümpfe, Pumps, Umhängetasche aus schwarzem Schlangenleder – hat die Zeitung kürzlich übernommen, weil der Vater starb, führt Anwaltskanzlei, ist erpicht darauf, andere zu erniedrigen oder zu quälen (insgeheim sadomasochistisch veranlagt) - hatte als Studentin ein Verhältnis mit Bodo, bis er sie vor die Tür setzte.

Namen, die verwendet werden können:

Angela von Zuffen - *30.9.1960 - 1,75m - 65 kg, verh. mit Bodo C. von Zuffen, Inhaberin Systemhaus

Dr. jur. Beate Bergentau - *13.6.1964, 1,65 m, 75 kg - Verlegerin Pressehaus - Antagonistin

Bodo C(arl). von Zuffen - *12.5.1968 - 1,70 m - 85 kg, verh. mit Angela, Chefredakteur Tageszeitung Freie Post - Protagonist

Maike Mehringhausen - *10.10.1976 - 1,55 m - 55 kg, Ressortchefin Lokalredaktion Freie Post

Marion Mutt - *15.3.1975 - 1,70 m - 60 kg, Ressortchefin Kultur der Zuffenbacher Nachrichten

Maximilian Schellfisch - *1990, Volontär Freie Post

Sascha Saab - *1985, Lokal-Redakteur Zuffenbacher Nachrichten

Roland M. Kerr - *1955, Chef vom Dienst Freie Post

Heiko Schildowsky - *1965, SPD-Bürgermeister

Ablauf:

A Der Held erscheint. Er hat einen dringenden Wunsch.

Beate betritt Bodos Büro, ohne anzuklopfen - überrascht ihn, wie er ins Waschbecken uriniert - muss ihn dringend sprechen.

B Ein Angebot, das der Held nicht ablehnen kann.

Beate hat die Zuffenbacher Nachrichten dazugekauft - Bodo soll beide sanieren, indem er Leute entlässt.

C Der Schauplatz wechselt.

Elf-Uhr-Konferenz Zuffenbacher Nachrichten - Bodo erscheint.

D Der Held hat scheinbar alles im Griff.

Er weiß schon, wer seinen Stuhl räumen muss.

E Etwas läuft schief.

Die Kulturchefin Marion Mutt durchschaut ihn.

F Alles fliegt dem Helden um die Ohren.

Sascha deutet Intimkenntnisse aus Bodos Privatleben an.

G Die Katastrophe – der Held ist am Ende.

Angela verlässt Bodo und sperrt alle Konten.

H Der Held macht reinen Tisch.

Krieg mit Beate.

I Schluss – es gibt Sieger und Verlierer.

Bodo versöhnt sich mit Angela. Beate überschreibt ihm die Freie Post.

Mit Absicht habe ich in diesem Ablauf einige Lücken gelassen. Das sollten Sie auch tun.

Der Appetit kommt oft erst beim Schreiben. !

9 DER ROMAN UND DIE NOVELLE ODER ERZAEHLUNG

Nun geht es um längere Geschichten – fiktional und zweckfrei. Da ich mich aus allen fruchtlosen Literaturdebatten heraushalte, will ich mich gar nicht an einer genauen Definition versuchen. Bei mir heißen alle Geschichten *Kurzgeschichten*, wenn sie weniger als fünfundzwanzig Seiten haben – egal ob sie woanders *Short Stories* oder *Kürzestgeschichten* heißen. Die *Novelle* ist länger und wird von anderen *Erzählung* genannt. Bei etwa hundertfünfzig Seiten und mehr spreche ich von einem *Roman*.

Grundsätzlich unterscheiden sich die längeren Formen von der Kurzgeschichte oder Short Story, weil sie über mehr als zwei Handlungsstränge verfügen. Neben mehreren Schicksalen, die ineinander verwoben sind, können wir hier auch größere Zeitsprünge konstruieren. Darüber hinaus kann im Hintergrund eine (echte oder erfundene) Zeitgeschichte ablaufen.

Also: Erzähltexte sind fiktional und zweckfrei. Bei mehr als etwa 25 Seiten wird die Kurzgeschichte zur Novelle, bei ungefähr 150 Seiten zum Roman. Je länger der Text ist, umso mehr Handlungsstränge und Schichten werden ineinander verwoben.

9.1 Wörtlicher Dialog oder indirekte Rede?

Dialoge sind ja eigentlich dramatische Elemente. Trotzdem oder vielleicht gerade deswegen tauchen sie immer wieder in Geschichten auf. Sie lassen den Leser dem Gespräch zuhören. So erfüllen sie den Anspruch, eher zu zeigen als zu erzählen. Der *Dialog* in einer Geschichte ist aber immer ein künstliches Gebilde: Im Gegensatz zur Realität verzichtet der Erzähler auf Wiederholungen.

Beispiel: „Wie geht es Dir?"
„Willst Du das wirklich wissen?"
„Würde ich sonst fragen?"
„Es geht mir beschissen."
„So genau wollte ich es auch nicht wissen."
„Was fragst Du dann."
„Was sagt Bernd?"
„Bernd ist einverstanden."
Von diesem Dialog ist (vermutlich) nur der letzte Satz relevant. Alle anderen sind zu streichen.
Bewusst finden wir jedoch Satzbrüche (Anakoluth) und unvollständige Sätze (Ellipse).

Beispiel: „Hast Du gekauft?"
„Bin ich blöd?"
„Also nicht?"
„Sollte ich?"
„Christian kann liefern."
„Ich frage Christian."

Dieser Dialog ist nur zulässig, wenn der Leser ahnt, worum es geht. Satz eins hat kein Subjekt, bei Satz drei fehlt außerdem das Prädikat, in Satz vier wird das Prädikat nur durch ein Modalverb angedeutet. Die genannten Sätze sind also Ellipsen, der vierte Satz ist außerdem ein *Anakoluth* (*Satzbruch*). Der Dialog verliert nichts, wenn der zweite und dritte Satz entfällt.

Daneben kennen wir die *indirekte Rede*: ‚Er fragte, ob ich gekauft hätte.'

Die indirekte Rede ist schwieriger, da wir dafür den Konjunktiv brauchen. Außerdem ist sie erzählerischer und weniger direkt. Wir bevorzugen also die wörtliche Rede.

Also: Wenn zwei Personen miteinander reden, sollte immer ein neuer Absatz beginnen, wenn die andere Person spricht. So weiß der Leser genau, wer gerade spricht.

9.2 Prolog – Epilog – Zitat – Absatz – Kapitel – Sternchen

Es geht nun um Kleintexte, die mit unserer Geschichte meist nur am Rande zu tun haben.

9.2.1 Die Vorrede

Viele Romane beginnen mit einem Prolog. Das ist nichts anderes als eine Vorrede. Gelegentlich wird im Prolog eine Vorgeschichte erzählt, manchmal auch etwas, das in irgendeinem rätselhaften Zusammenhang mit der folgenden Geschichte steht. *Mein Rat*: Wer nicht sicher ist, sollte es lassen.

Also: Wenn Sie Ihren ersten Roman schreiben, sollten Sie es dem Lektoren leicht machen: Verzichten Sie auf den Prolog.

9.2.2 Das Nachwort

Ähnlich verhält es sich mit dem Nachwort oder Epilog. Hier folgt manchmal eine ‚Vorblende', die erzählt, was ein Jahr später geschah. Manchmal sorgt sie auch für das eigentlich ‚gute Ende'. Und dann kann man natürlich noch allen Menschen danken, die bei der Recherche geholfen haben.

Also: Wenn Sie sich nicht sicher sind, lassen Sie es.

9.2.3 Zitate

Manche Schriftsteller schmücken den Anfang von Kapiteln jeweils mit einem mehr oder weniger passenden Zitat. Andere setzen ein Zitat über den ganzen Text, sozusagen alternativ zum Titel. Das ist nicht ungefährlich, denn Zitatensammlungen, in denen man so etwas findet, sind weit verbreitet. Wenn wir schon Zitate verwenden, bemühen wir uns, etwas Passendes zu finden, was nicht in diesen Büchern steht. Das ist gar nicht so einfach. Deshalb mein Rat: Lassen Sie es.

Also: Zitate sollten nur angegeben werden, wenn sie wirklich gebraucht werden. Wenn Sie nicht sicher sind, ersparen Sie es Ihren ersten Lektoren.

9.2.4 Absätze

Für Absätze gilt im Roman das Gleiche wie in der Kurzgeschichte: Ein Absatz hat mehrere Aufgaben. Zunächst führt er zu einem neuen Gedanken. Dann gliedert er Dialoge in die Aussagen der beiden Gesprächspartner. Schließlich vermeidet er eine *Bleiwüste*. So nannten die Journalisten früher einen allzu langen Absatz, der so lang (also voller Blei-Lettern) war, dass einige Leser sich darin verliefen – wenn sie nicht vorher von dem vielen Blei vergiftet wurden.

Also: Absätze führen in einen neuen Aspekt ein. Außerdem trennen sie die Aussagen von Dialogpartnern.

9.2.5 Kapitel

Eine Novelle oder einen Roman zergliedern wir in Kapitel. Ein solcher Abschnitt ist üblicherweise fünfzehn bis fünfundzwanzig Seiten lang – also die Portion, die man vor dem Schlafengehen liest, oder auf dem Weg zur Arbeit. So ein Kapitel ist deshalb auch eine sinnvolle Einheit.

Also: Ein Kapitel hat fünfzehn bis fünfundzwanzig Seiten.

9.2.6 Sternchen

Wenn innerhalb eines Kapitels der Ort wechselt oder die Zeit, oder auch beides, setzen wir ein Sternchen, genau wie in der Kurzgeschichte. Der Kapitelanfang kann dies ebenfalls signalisieren – muss es hingegen nicht.

Also: Mit einem Sternchen wechselt der Ort oder die Zeit.

9.3 Kriminalroman

Noch vor wenigen Jahren galt der *Krimi* als trivial, heute ist er eine anerkannte literarische Gattung. Auch hier unterscheidet sich der gute Roman vom schlechten durch das *Wie*.

Also: Kriminalromane können hochliterarisch sein.

9.3.1 Whodunit

Am häufigsten findet sich der *Whodunit* (Who's done it?). Das ist ein Rätselkrimi. Im ersten Teil geschieht ein Verbrechen, das danach vom Detektiv oder der Polizei aufgeklärt wird. So funktionieren die *Sherlock-Holmes*-Romane von Conan Doyle oder die *Miss-Marple*-Geschichten von Agathe Christie. Auch Umberto Ecos *Name der Rose* ist so konstruiert.

Also: Die mittlerweile häufigste Form des Kriminalromans ist der Whodunit.

9.3.2 Thriller

Auch im *Thriller* wird ein Rätsel gelöst. Im Prinzip handelt es sich jedoch um einen Zweikampf zwischen dem Ermittler und dem Täter. Im Vordergrund stehen also Gefahren, die dem Protagonisten drohen. Mit diesem Genre wurde Edgar Wallace bekannt; die *James-Bond*-Geschichten von Ian Fleming gehören ebenfalls dazu. Meist spricht hier ein allwissender Erzähler. Die Schurken entsprechen gern Feindbildern der Leser.

Also: Im Thriller kämpft der Held gegen einen Feind.

9.3.3 Kinder- oder Jugendkrimi

Im Kinderkrimi treten oft komische Figuren auf, wie bei Astrid Lindgrens *Kalle Blomquist*. Es ist nicht leicht, die Sprache der Jugend zu treffen. Außerdem wird hier erwartet, dass nirgends exzessive Gewalt geschildert wird. Wer Kinder mag und Umgang mit ihnen pflegt, sollte keine Probleme damit haben.

Also: Wer Kinderkrimis schreibt, sollte Kinder mögen.

9.3.4 Der Regionalkrimi

Das Hauptthema des Regionalkrimis ist die *Region*. Detailgetreu werden hier gute und schlechte Seiten einer Region, einer Stadt, eines Ortes geschildert, sodass die Leser sich auf die Spuren des Protagonisten begeben können. Spielt er in der Jetzt-Zeit, muss der Schriftsteller die Details vor Ort recherchieren.

Also: Wer Regionalkrimis schreibt, sollte sich dort auskennen.

9.4 Historischer Roman

Bisher spielte sich alles in der Jetzt-Zeit ab. Historische Romane schildern aber ein Ereignis, das schon einige Zeit zurückliegt. Das ist immer ein größeres Projekt. Vieles muss recherchiert werden. Erste Anhaltspunkte bietet ein Nachschlagewerk wie der *Kulturfahrplan* von Werner Stein (Stein, Werner: Der neue Kulturfahrplan. Die weltbewegenden Ereignisse aus Politik, Wissenschaft, Technik, Musik, Literatur, Religion und Philosophie von der Frühgeschichte bis heute. München: F. A. Herbig 2001, 2050 Seiten). Er zeigt für jedes Jahr in mehreren Spalten die Ereignisse aus Politik, Wissenschaft, Technik, Musik, Literatur, Religion und Philosophie von der Frühgeschichte bis heute.

Spätestens zu diesem Zeitpunkt müssen Sie sich mit dem Bestand öffentlicher Bibliotheken in Ihrer Stadt beschäftigen. Meist gibt es eine Stadtbücherei und eine Universitätsbibliothek. Sie brauchen beide. Besorgen Sie sich Original-Literatur aus dieser Zeit. Wollen Sie beispielsweise wissen, wie Menschen in der Kaiserzeit ‚getickt' haben, erfahren Sie es in Heinrich Manns *Untertan* (Mann, Heinrich: Der Untertan. Frankfurt: S. Fischer 1996 [1929]). Die städtische Unterschicht der Weimarer Republik wird in Döblins *Berlin Alexanderplatz* (Döblin, Alfred: Berlin Alexanderplatz. Die Geschichte von Franz Biberkopf. Frankfurt: Fischer Taschenbuch 2013 [1929]) oder in *Das kunstseidene Mädchen* von Irmgard Keun (Keun,

Irmgard: Das kunstseidene Mädchen. Berlin: List 2011 [1932]) präsentiert.

Was vor dem achtzehnten Jahrhundert geschrieben wurde, können Sie allerdings sprachlich nur verstehen, wenn Sie ein entsprechendes Studium hinter sich haben. Die Ausdrucksweise der Figuren unterscheidet sich enorm von der heutigen. Deshalb will ich Ihnen dazu nicht raten.

Um zu erfahren, ob ein Begriff zur Zeit Ihrer Geschichte schon in unserer heutigen oder einer anderen Bedeutung benutzt wurde, brauchen Sie ein Wörterbuch aus dieser Zeit. Am Ende des achtzehnten Jahrhunderts erschien der *Adelung*, vor etwa hundertfünfzig Jahren (und dann immer wieder) der *Brockhaus* und der *Meyer*. Alle diese Bücher finden Sie in Universitätsbibliotheken. Dort hilft man Ihnen auch gern weiter, wenn Sie besondere Probleme haben.

Wenn Sie sich eine Original-Kriminal-Akte ansehen wollen, könnten Sie in einem Landes- oder Staats-Archiv fündig werden. Dort werden oft besondere Gerichtsakten aufbewahrt. Man kann sie am Bildschirm suchen, im jeweiligen Institut suchen (lassen) und dann für den Lesesaal anfordern. Das Personal dort hilft Ihnen gern, wenn Sie sagen, was sie vorhaben. Wer eine interessante Akte findet, kann sich Teile daraus (kostenpflichtig) kopieren. Für Akten, die älter als hundert Jahre sind, müssen sie die alte Deutsche Schrift lesen können (recherchieren Sie *Sütterlin*). Seit dem ersten Weltkrieg wurden die Ämter nach und nach mit Schreibmaschinen ausgerüstet. Vielleicht lassen Sie sich daraus zu einem historischen Kriminalroman inspirieren.

Also: Wenn Sie einen historischen Roman schreiben wollen, brauchen Sie gute Kenntnisse der jeweiligen Epoche. Über das achtzehnte, neunzehnte und zwanzigste Jahrhundert kann man sich gut in öffentlichen Bibliotheken informieren. Beispielhafte Gerichtsakten kann man in den Archiven des Landes einsehen.

9.5 Fantasy – Science-Fiction

Fantasy-Schreiber sind glückliche Menschen. Sie brauchen sich nicht an vorhandenen Gesellschaftsformen zu orientieren. Doch sie müssen alles erfinden, was sie schreiben. Das gleiche gilt für Science-Fiction. Richten Sie sich nach den Regeln populärer Geschichten, wird Ihr Buch nicht besonders originell. Deshalb nur ein Ratschlag: Schreiben Sie solche Geschichten erst dann, wenn Sie schon Erfahrungen in anderen Genres gesammelt haben.

Also: Fantasy-Schreiber stellen eigene Regeln auf. Ebenso die Erfinder von Science-Fiction-Szenarien. Schreiben Sie sich diese Regeln akribisch in ihre Filialdatei, damit Sie sich immer daran halten.

9.6 (Auto-) Biografie

In der *Autobiografie* ist der Schreiber identisch mit dem Erzähler und dem Protagonisten. In den Memoiren läuft im Hintergrund auch noch die Zeitgeschichte ab. Die Grenzen zum *autobiografischen Roman* sind fließend. *Ein* Detail der Geschichte kann erfunden sein; das kann aber auch auf viele Details zutreffen, ja, die ganze Geschichte kann fiktiv sein – wie etwa Franz Kafkas *Verwandlung*. Aus gutem Grund nennt Goethe seine Autobiografie *Dichtung und Wahrheit*. Wer seine Autobiografie schreiben will, um sie zu veröffentlichen (im Gegensatz zum klassischen Tagebuch), wird vielleicht einsehen, dass sein Leben für andere nicht so spannend verlief, wie der Schreiber es erlebt hat. Idealerweise macht er es wie unsere Politiker: Er notiert sich alles, was ihm zu seinem Leben einfällt und bittet einen anderen, daraus eine packende Biografie zu schreiben.

Das ist nicht so kompliziert, wie es sich anhört. Wahrscheinlich wird man sich bei einer Biografie nicht Buchstabe für Buchstabe an die Fakten halten. Dafür können die Fakten das Gerüst für eine fesselnde Geschichte ergeben.

Also: Eine mitreißende Biografie zu schreiben ist nicht so schwierig, wie es zunächst aussieht – wenn der Schreiber den Biografierten mag. Raffen Sie wichtige Ereignisse zeitlich zusammen, damit es spannender wird. Eine spannende Auto-Biografie gelingt hingegen nur selten. Mein Rat: Lassen Sie sich helfen.

9.7 Leser lachen machen

Mit Humor kann man jeden Text aufpeppen. Das ist sozusagen die Hohe Schule der Überarbeitung.

Am besten ordnen Sie einer bestimmten Figur humoristische Eigenschaften zu. Grundsätzlich sind große Gegensätze für komische Effekte anfällig. Wenn also ein Religionslehrer in einem Sex-Shop auftaucht, wird es lustig. Stellen Sie sich einen Freischärler in einem Sozialpädagogen-Seminar vor oder einen Veganer in einem Schlachthaus.

Sagt eine Figur plötzlich *„Einen Scheiß werde ich tun"*, handelt es sich um einen kalkulierten Verstoß gegen das *decorum* in Abschnitt 1.4.1.

Gleiches gilt, wenn eine Figur, die gewöhnlich elaboriert formuliert, *„gefickt"* zwischen den Zähnen hervorstößt oder *„Halt' die Schnauze"*.

In Abschnitt 1.4.2 habe ich Ihnen stets die mittlere Stilebene empfohlen. Wenn ein Botschafter jedoch plötzlich mitteilt: *„Der Herr Minister kotzt gerade Ihre Depesche aus"*, entsteht ein komischer Effekt. Ähnlich witzig klingt es, wenn der Sohn in einem Arbeiterhaushalt sich lallend in Adornos Soziologenjargon für seine Volltrunkenheit rechtfertigt.

Ein *Oxymoron* ist ein Begriff aus zwei Ausdrücken, die sich widersprechen, wie zum Beispiel *„Weniger ist mehr"*. Nach dem Prinzip der *„Hassliebe"* lassen sich aber auch witzige Kombinationen bilden, wie *„Schwarzlicht"* oder *„Flüssiggas"*. Besonders effektvoll ist die *Contradictio in adiecto*, bei der ein *Widerspruch im Eigenschaftswort* steckt. Gemeint sind Konstruktionen wie der *„stumme Schrei"* oder das *„offene Geheimnis"*. Es lohnt sich, mit Ausdrücken wie *„sperrangelweit geschlossen"* oder *„hell wie der Friedhof um Mitternacht"* zu experimentieren.

Wir haben in Abschnitt 2.7 darüber gesprochen, dass uneigentliche Redewendungen (*Tropen*) gefährlich sind. Nimmt der Angesprochene sie aber wörtlich, entstehen komische Effekte. Fragt eine Figur: *„Hast Du eine Uhr?"*, erwartet niemand, dass der andere mit *„ja"* antwortet. Tut er es doch, haben wir einen Lacher. Gleiches gilt bei der Metonymie *„Wo stehst Du?"* und der Antwort *„Hier"* – obwohl doch nach dem Standort seines Autos gefragt wurde. Ähnliches gilt für wörtlich verstandene Metaphern: *„Du kannst mich mal." „Bei Dir, oder bei mir?"*

Natürlich kann man auch mehrdeutige Wörter falsch verstehen: *„Kannst Du mir einen Schein* *leihen?" „Reiß Dir doch einen vom Notizblock ab."* Hingegen wird *„Ich habe nur sechs Videos" – „Egal, gib sie her"* lediglich verstanden, wenn das laut vorgelesen wird; aber in einem Theaterstück funktioniert es.

Metaphern und Geflügelte Worte kann eine humorvolle Person natürlich abändern: *„Mit dieser Wohnung hast Du wohl auch die Moral gepachtet."* Das funktioniert ebenso bei sprichwörtlichen Redensarten: *„Früh krümmt sich, was ein erigierter Penis werden will."* Überhaupt lohnt es sich, eine Liste mit verballhornten Sprichwörtern anzulegen, die man gelegentlich brauchen kann. *„Schäuble am Mittag, Glück am dritten Tag."* Oder: *„Wenn das Herz voll ist, wird die Zunge leer."*

Ironische Menschen sagen das Gegenteil dessen, was sie meinen: *„Die sieht ja gut aus."* Dabei kommt sie klatschnass von der Straße. In diese Ecke gehört auch die *Hyperbel*. Sie übertreibt maßlos: *„Nach dem Regenguss habe ich zwei Eimer Wasser aus meinen Schuhen gegossen."*

Auch die doppelte Verneinung in Abschnitt 3.3.4 können wir für komische Effekte nutzen. Diese Figur heißt in der Rhetorik *Litotes*: *„Du siehst nicht übel aus."* Je nach der Situation kann das bedeuten, dass sie gut aussieht – oder das Gegenteil.

In Abschnitt 9.1 war von unvollständigen Sätzen die Rede. Beliebt ist hier das *Zeugma*: *„Ich heiße Heinz und Sie herzlich willkommen"* (Heinz Erhardt). Oder: *„Erst schlug ich die Schei-be ein und dann den Weg nach Hause."* In beiden Fällen bezieht sich ein Verb also auf ganz unterschiedliche Objekte. Das nennen wir Zeugma. Eine Einladung könnte so klingen: *„Ich habe noch vier Euro und den ganzen Nachmittag frei."*

9.8 Anfang – Dramaturgie – Ende

Die dramaturgische Struktur eines Romans haben wir bereits in Kapitel 8 erarbeitet. Reservieren Sie das erste Fünftel für die Exposition bis nichts mehr so ist, wie es war. Das letzte Fünftel beginnt mit der großen Wende und leitet zum Schluss.

Besonders wichtig ist der Anfang. Der erste Satz sollte den Leser sofort neugierig machen. Bitte lesen Sie noch einmal den Abschnitt *4.4 Der erste Satz*. Dort habe ich Ihnen einige Beispiele für Buchanfänge abgeschrieben.

Wie ich dort bereits erwähnte: Nehmen Sie sich Zeit für den ersten Satz. Schauen Sie ihn sich noch einmal an, wenn Sie glauben, dass Ihr Text nun vollständig ist.

9.9 Übung – schauen Sie sich Dialoge an

Zeichnen Sie sich eine beliebige Talk-Show auf. Eine Tonaufnahme genügt völlig (zum Beispiel mit dem Smartphone). Nun schreiben Sie diese akribisch nieder. (Der Fachmann spricht vom *Transkribieren.*) So bekommen Sie am schnellsten ein Gefühl für ‚realistische' Sätze. Aber beachten Sie: Um eine Diskussion niederzuschreiben, die eine Stunde gedauert hat, brauchen Sie einen halben Tag.

In solchen Diskussionen hören Sie häufig Wiederholungen. Die brauchen wir nicht. Was wir brauchen, ist das Austauschen von Argumenten, vielleicht auch das gekonnte Einstreuen von Satzbrüchen oder Ellipsen. Sie hören, wie Menschen sich unterbrechen, ins Wort fallen, vielleicht sogar niederschreien. Wenn Sie eine solche Sendung transkribiert haben, sehen Sie Gespräche sicher mit anderen Augen.

10 GESCHICHTEN UEBERARBEITEN

Bevor Sie irgendjemand bitten, Ihre Geschichte zu lesen, schauen Sie noch einmal Wort für Wort darüber.

10.1 Eine Liste verdächtiger Wörter

Für jedes der folgenden Beispiele können Sie die Suchfunktion ihres Textprogrammes nutzen.

Nachsilben: -ung -heit -keit -ion -end

Vorsilben: ge- ab- ein- ob- irgend-

Wörter: und – gehabt – gewesen – geworden– hätte – wäre – sein – haben – werden – darf – dürfte – durfte – dürfen – kann – könnte – konnte – können – mag – möchte – mochte – mögen – muss – müsste – musste – müssen – soll – sollte – sollen – will – wollte – wollen – werde – wird – würde – wurde – ward – eigentlich – heute – jetzt – nun – voll – total

Also: Diese Wörter sind nicht von vornherein schlecht, aber sie sind verdächtig. Wir streichen davon so viele wie möglich.

10.2 Fragen der Form des Manuskriptes

Den ersten Eindruck Ihrer Arbeit vermittelt das *Wie* des Manuskriptes.

10.2.1 Wie lange ist eine Normzeile?

Eine Normzeile hat bis zu 60 Anschläge; die Leerzeichen werden mitgezählt. Wenn Sie die Seitenränder auf 3,5 cm einstellen, laufen ungefähr sechzig Zeichen in eine Zeile (bei den Schriftarten *Verdana 12* oder *Palatino 12*).

Also: Normzeilen haben sechzig Zeichen.

10.2.2 Was passt auf eine Normseite?

Eine Normseite hat 30 Normzeilen, das heißt 1500 bis 1800 Anschläge.

Beispiel für ein Seitenlayout mit Word®:

Schriftart: Verdana 12 Punkte

Absatz: Ausrichtung *links* Gliederungsebene *Textkörper* Einzug links/rechts *0 Pt*. Abstand vor *0 Pt*. nach *4 Pt*. Sondereinzug *ohne* Zeilenabstand *eineinhalb*

Seitenlayout/Seitenränder oben: *2,8 cm* unten: *3,2 cm* links: *3,8 cm* rechts *4 cm*

Kopfzeile: Einfügen/Kopfzeile/Kopfzeile bearbeiten

Ankreuzen: *Erste Seite anders* –

Im Dokument Seite 2 wählen! – Text für die Kopfzeile:

Autor: Titel – Seite (Leerzeichen) – Schnellbausteine /Text /Page/OK

Also: Richten Sie Ihr Textprogramm so ein, dass auf eine Seite höchstens dreißig Zeilen von bis zu sechzig Anschlägen passen.

10.2.3 Schriftfamilien:

Benutzen Sie die Schriftarten *Verdana* oder *Palatino* in einer Größe von 12 oder 14 Pt. Sie können auch andere Schriften verwenden. Aber das empfehle ich nicht. Aufzeigen will ich sie trotzdem:

Antiqua: Times New Roman – Palatino

Grotesk: Verdana – Arial – Tahoma

Fraktur Berliner Fraktur

Schreibschrift: ***Brush Script*** - *Segoe Script*
Schmuckschriften: **Chiller** - **STENCIL**
Also: Schreiben Sie in Verdana oder Palatino 12 oder 14.

10.2.4 Anschreiben ***(Beispiel)***:

Absender: Name, Anschrift, Telefon, E-Mail
Betreff: Die Anthologie ‚Wintergeschichten'
Sehr geehrte Frau ... ,
[oder] Sehr geehrter Herr ... ,
[oder] Sehr geehrte Damen und Herren,

wie ich aus dem Uschtrin-Newsletter/auf Ihrer Internetseite erfahren habe, sind Sie an Stories zum Thema *Wintergeschichten* interessiert.

Als Anlage erhalten Sie mein Manuskript ‚Dezember'. Die Geschichte wurde bisher nicht veröffentlicht. In dieser Geschichte erbt ein katholischer Religionslehrer eine Animier-Bar.

Ich bin 45 Jahre alt und von Beruf Lagerist. Bisher habe ich noch keinen Text veröffentlicht.

[oder] nur Geschichten im Eigenverlag veröffentlicht.

[oder] meine Texte als E-Book publiziert.

Ich freue mich, von Ihnen zu hören und verbleibe

mit freundlichem Gruß
Name
Anlage

Bitte geben Sie Name, Anschrift, Telefon auch an, wenn Sie eine E-Mail schreiben.

Exkurs Word® Processor

Wenn Sie eine andere Textverarbeitung benutzen, finden Sie die *Shortcuts* in der *Hilfe* unter *Kurzbefehle*.

Hilfe: F1

Rechtschreibprüfung: F7

Thesaurus (Synonymwörterbuch): UMSCHALT+F7

Geschütztes Leerzeichen: STRG+UMSCHALT+LEERTASTE

Geschützter Bindestrich: STRG+BINDESTRICH

Fettdruck von (markierten) Buchstaben: STRG+UMSCHALT+F

Kursivdruck von (markierten) Buchstaben: STRG+UMSCHALT+K

Unterstreichen von (markierten) Buchstaben: STRG+UMSCHALT+U

Verringern des Schriftgrads von (markierten) Buchstaben 1 Pt.: STRG+8

Erhöhen des Schriftgrads von (markierten) Buchstaben 1 Pt.: STRG+9

Entfernen der Absatz- oder Zeichenformatierung: STRG+LEERTASTE

Kopieren des markierten Texts: STRG+C

Ausschneiden des markierten Texts: STRG+X

Einfügen von Text: STRG+V

Einfügen nur der Formatierung: STRG+UMSCHALT+V

Rückgängigmachen der letzten Aktion: STRG+Z

Wiederholen der letzten Aktion: STRG+Y

Öffnen des Dialogfelds Wörter/Zeichen zählen: Markieren Sie den Text – Registerkarte *Überprüfen* – Wörter zählen

10.3 Fragen an den Text

Stellen Sie dem Text folgende Fragen, bevor Sie ihn aus der Hand geben. Wenn Ihnen hier noch weitere Eigenheiten einer Figur einfallen, sollten Sie diese ebenfalls in der Filialdatei notieren.

10.3.1 Macht der erste Satz neugierig?
Erinnern Sie sich daran, dass Sie hierüber noch einmal nachdenken wollten, wenn Ihr Text vollständig ist.

10.3.2 Verblüfft der zweite Satz den Leser?
Idealerweise stürzt Ihr Leser von einer Verblüffung in die nächste.

10.3.3 Werden sofort die sieben W-Fragen gestellt?
Wer tut **w**as, **w**ie, **w**o, **w**ann, **w**arum, **w**oher wissen wir das?

10.3.4 Ist der Anfang Resonanzboden der Geschichte?
Die Resonanz erkennen Sie daran, ob der Leser bereits so gefesselt ist, dass er unbedingt weiterlesen will.

10.3.5 Sind von Anfang an Spannungsbögen sichtbar?
Gibt es Andeutungen, Gefahren, Drohungen?

10.3.6 Handeln die Figuren wie auf einer Bühne?
Nicht erzählen – zeigen!

10.3.7 Verhalten sich die Figuren unangemessen?

Wer in der ersten Hälfte berechenbar handelt, gehört nicht in die Geschichte.

10.3.8 Unterscheidet sich die Sprache der Figuren?
Kann man die Figuren daran erkennen?

10.3.9 Verhält sich eine Figur absonderlich?
Wirkt sie schüchtern, vorlaut, höflich, unauffällig?

10.3.10 Spricht sie ungewöhnlich?
Ist ihre Sprache laut, undeutlich, abfällig, dozierend, charmant?

10.3.11 Hat sie ein (heimliches) Leiden?
Brille, Hörgerät, Prothese?

10.3.12 Verändert sie sich in Gesellschaft?
Wenn sie mit Familienmitgliedern spricht, mit Kollegen, mit Vorgesetzten, Untergebenen?

10.3.13 Welche skurrilen Gewohnheiten erkennt man?
Greift sie ständig an die Stirn, auf den Kopf, in den Nacken, reibt sie sich die Oberschenkel, die Hüften? Kratzt sie sich? Reibt sie sich die Nase, das Kinn, die Backe?

10.3.14 Bewegt sich jemand mechanisch auffällig?
Wird der Po geschwungen? Tänzelt sie? Tritt sie fester auf, als es zu ihrer Größe passt? Schleicht sie?

10.3.15 Was wird über den spezifischen Geruch gesagt?
Riecht man Parfüm, Deo, Rasierwasser? Welches? Riecht es nach Schweiß, Urin, alter Wäsche?

10.3.16 Was schmecken die Figuren?

Wie schmeckt, was gegessen oder getrunken wird?

10.3.17 Kann der Leser sich das Anfassen vorstellen?

Spürt er, wie sich die Haut oder die Stoffart anfühlt, wenn sie von einer Figur berührt wird?

10.3.18 Sind es Figuren unterschiedlicher Schichten?

Hört man, riecht man, sieht man das?

10.3.19 Ist die Garderobe unordentlich?

Ist sie farblich fein abgestimmt?

10.3.20 Tragen die Figuren Dienstkleidung?

Tragen sie privat etwas völlig Anderes?

10.3.21 Passen irgendwelche Schuhe nicht zum Anlass?

Ist ein Rock zu kurz, die Bluse zu weit ausgeschnitten?

10.3.22 Was wünscht sich die Hauptfigur?

Geld, Karriere, schicke Kleidung?

10.3.23 Wonach sehnt sie sich in ihrem Inneren?

Liebe, Anerkennung, Glück?

10.3.24 Ist das für sie wichtig, notwendig, dringend?

Würde sie alles dafür tun?

10.3.25 Wer sagt nicht die ganze Wahrheit?

Spürt das der Leser?

10.3.26 Werden Figuren laut? Was sagen sie dabei?

Ist eine Figur ein Choleriker?

10.3.27 Reden sie aneinander vorbei?

Hören sie nicht zu? Fallen Sie einander ins Wort?

10.3.28 Schlägt jemand mit der Hand auf den Tisch?

Eventuell mit der Faust, dass es alle merken?

10.3.29 Stampft jemand mit dem Fuß auf?

Eventuell so, dass es niemand merken soll?

10.3.30 Droht bereits eine unmittelbare Gefahr?

Wird etwas angedeutet? Passiert etwas Unheimliches?

10.3.31 Ist deutlich ein Menetekel zu erkennen?

Gibt es geheimnisvolle Zeichen eines Priesters, einer Esoterikerin? Treten Wahrsager oder Kartenlegerinnen auf?

10.3.32 Eskaliert die Geschichte auf der ersten Seite?

Lässt sich eine Figur zu etwas Unerwartetem hinreißen?

10.3.33 Gibt es zwei dramatische Konfrontationen?

Sind Figuren gemein, verleumden sie jemand, streuen sie Gerüchte?

10.4 Fragen zur Dramaturgie

Es ist die Dramaturgie, die die Spannung immer weiter steigern lässt.

10.4.1 Augenbraueneffekt

Haben Sie schon einmal versucht, eine Augenbraue zu stutzen? Wenn Sie rechts zu viel des Guten tun, müssen Sie auch links mehr wegnehmen. Doch dabei nehmen Sie wieder zu viel weg, sodass Sie noch einmal auf die rechte Seite müssen. So geht es weiter, bis es nichts mehr zu stutzen gibt. Ihrem Protagonisten geht es ähnlich. Steht der Held, nachdem er ein Problem scheinbar gelöst hat, als Ergebnis sofort vor einem noch größeren Problem?

10.4.2 Gesetz der Folge

Hat eine Gefahr, die der Held ahnt, noch schlimmere Folgen, als der Leser erwartet?

10.4.3 Hat alles ein überzeugendes Motiv?

Der Leser will möglichst für alles, was passiert einen Grund erfahren – wenn nicht sofort, dann später.

10.4.4 Sind mindestens 2 Handlungsstränge verwoben?

Eindimensionale Geschichten sind trivial.

10.4.5 Ändert der Held seine Ansichten?

Vor allem im letzten Drittel und bevor er das Richtige tut?

10.4.6 Wandelt er sich stark im letzten Drittel?

Wandelt er sich so stark, dass der Leser ihn

kaum wiedererkennt und ihm alle vorherigen Sünden verzeiht?

10.4.7 Hat der Protagonist charakterliche Schwächen?
Tut er etwas, das ‚man' einfach nicht tut?

10.4.8 Hat sein Gegenspieler sympathische Seiten?
Möchte der Leser zeitweise gern mit ihm tauschen?

10.4.9 Stimmt die Reihenfolge der Sätze?
Der Kaffee kann erst getrunken werden, wenn die Tasse gefüllt und anschließend angehoben wurde.

10.4.10 Schafft jeder Abschnitt eine neue Realität?
Der Leser ist immer wieder verblüfft?

10.4.11 Wird an irgendeiner Stelle die Logik verletzt?
Jeder Mensch hat Grundsätze. Hält sich der Protagonist daran?

10.4.12 Werden seltsame Ereignisse erwähnt?
Müssen diese explizit beschrieben werden oder reicht es, sie anzudeuten?

10.4.13 Werden die Leser oft genug überrascht?
Idealerweise in jedem Absatz?

10.4.14 Läuft im Hintergrund Zeitgeschichte ab?
Erhält der Leser Informationen aus Radio, TV, Zeitung?

10.4.15 Erscheint eine neue Figur zuerst undeutlich?

Ist beabsichtigt, dass der Leser erst nach und nach einzelne Charakterzüge kennenlernt?

10.4.16 Hinterlässt der Schluss einen verblüfften Leser?

Gibt es keine ‚offenen Enden'? Ist alles geklärt? Möchte der Leser die Geschichte am liebsten noch einmal lesen?

10.5 Fragen zum Stil

Nichts macht Ihren Text so individuell und Sie als Schriftsteller erkennbar, wie Ihr unverwechselbarer Stil.

10.5.1 Bestimmt die Sprache die Atmosphäre?

Werden harte Schnitte mit kurzen Sätzen angedeutet?

10.5.2 Sind die Dialoge von Tautologien befreit?

Bleiben nur die Wörter stehen, die für den Leser wichtig sind?

10.5.3 Wecken Andeutungen Resonanz beim Leser?

Schaffen Sie es, mit wenigen Wörtern eine bedrohliche oder fröhliche Atmosphäre zu schaffen?

10.5.4 Rühren sich Emotionen?

Geht es um Religion, Tod, Existenz, extreme Ungerechtigkeit?

10.5.5 Bleiben die Figuren auf der obersten Ebene?

Ist alles wichtig, was sie sagen? Oder werden Sie geschwätzig?

10.5.6 Tauchen Metaphern, Metonymien selten auf?

Werden sie nur von Figuren der Bildungsunterschicht benutzt?

10.5.7 Sind Metaphern allgemein verständlich?

Werden spezielle Ausdrücke von einer Figur erklärt?

10.5.8 Kann man Figuren klar unterscheiden?

Zum Beispiel durch ihre Sprache? Oder durch ein körperliches Erkennungsmerkmal, das ihnen anfangs zugeordnet wurde?

10.5.9 Gibt es Abstraktionen?

Ersetzen Sie alle Abstraktionen durch Konkreta.

10.5.10 Verzichtet der Text auf Fachsprachen?

Werden alle Fachausdrücke durch Figuren erklärt?

10.5.11 Wird das Tempo gesteigert?

Kurze Wörter, kurze Sätze, kurze Absätze, harte Schnitte?

10.5.12 Wird der Leser gestoppt?

Finden sich im Text komplizierte Wörter? Funktionsverbgefüge? Bürokratische Ausdrücke?

10.5.13 Klingt der Titel verlockend?

Überlegen Sie, ob er nicht noch kürzer, prägnanter, ungewöhnlicher sein könnte?

10.6 Übung: Schreiben Sie eine Kurzbiografie

Eine Kurzbiografie sollte in fünf Zeilen das Wichtigste über Sie als Schriftsteller aussagen.

Beispiel:
Marc Mandel wurde 1948 in Friedrichsthal im Saarland geboren. Er war viele Jahre als Rockmusiker, Hotelpianist und Journalist unterwegs. Heute lebt er als freier Schriftsteller in Griesheim bei Darmstadt. Seit 2014 veröffentlicht er seine Kurzgeschichten im chiliverlag von Franziska Röchter.

11 PUBLIKATIONEN

Sie haben Ihre Geschichte geschrieben. Vielleicht sind es auch mehrere Short Stories. In jedem Fall beherbergt Ihre Festplatte ein Dokument mit mehreren Seiten.

11.1 Texte vorbereiten

Denken Sie wieder daran, dass es auf die Form ebenso ankommt, wie auf den Inhalt.

11.1.1 Sprachlich Überarbeiten

Um den Text sprachlich zu überarbeiten, nehmen Sie sich die Tabelle 10.1 mit den verdächtigen Wörtern zur Hand. Sie suchen jedes einzelne dieser Wörter in Ihrer Geschichte, um zu fragen, ob es wirklich nötig ist. Stellen Sie sämtliche Fragen aus Kapitel 10 an den Text. Überarbeiten Sie ihn. Nun müssen Sie prüfen, wie die Geschichte klingt.

11.1.2 Laut vorlesen

Beim lauten Vorlesen erkennen Sie meist sofort, an welcher Stelle irgendetwas in Ihrem Text klappert. Außerdem fallen Ihnen inhaltliche Schwächen auf. Anschließend fragen Sie Ihre beste Freundin oder Ihren Partner, ob Sie ihm die Geschichte vorlesen dürfen.

11.1.3 Korrektiv

Mit ein bisschen Glück sind Freunde oder Partner ein ehrliches Korrektiv. Von ihnen erfahren Sie alle offensichtlichen Schwächen.

11.1.4 Beta-Leser

Als Beta-Leser eignet sich am besten eine Person, die schon viele solcher Geschichten gelesen hat. Lassen Sie diese Person mit dem Text allein. Lassen Sie sich anschließend gnadenlos kritisieren.

11.1.5 Schreibzirkel, Kulturvereine, Literatur-Initiativen

In vielen Städten gibt es Gruppen von Literatur-Interessierten oder Schreibenden, die Ihnen etwas zu Ihren Texten sagen können, ohne missgünstig zu sein. Versuchen Sie, beispielsweise über die Zeitung, solche Gruppen zu finden.

11.1.6 Hobby-Lektorat – wer ist geeignet?

Vielleicht lernen Sie unter diesen Leuten eine Person kennen, die schon viel geschrieben hat, die Literatur studiert hat oder einfach viel davon versteht. Bieten Sie dieser Person eine Tasse Kaffee oder Tee an, damit sie sich das Manuskript einmal ansieht.

11.1.6.1 Form: Wortwahl, Rechtschreibung, Grammatik, Stil

Machen Sie die Person gegebenenfalls auf die Kriterien aus Kapitel 10 aufmerksam.

11.1.6.2 Inhalt: Dramaturgie, Recherche, innere Logik

Bitten Sie sie insbesondere, die Dramaturgie zu prüfen, recherchierte Fakten, innere Logik. Eventuell müssen Sie noch einmal etwas nachrecherchieren.

11.1.7 Zusammenarbeit mit Künstlern anderer Sparten

Wenden Sie sich an Maler, Musiker, Schauspieler, die Sie kennen. Manchmal kommt so eine gemeinsame Performance zustande, in der Ihre Texte eine Rolle spielen könnten.

11.2 Für wen ist mein Text interessant?

Oben haben wir schon gefragt, für welche Leser Ihr Text infrage kommt. Nun wollen wir uns Institutionen ansehen, die für die Publikation infrage kommen.

11.2.1 Anthologien

Viele Verlage suchen Geschichten oder Gedichte für Anthologien. Das sind Bücher, in denen Werke unterschiedlicher Schreiber versammelt werden. Solche Anthologien werden auf den Web-Seiten der Verlage ausgeschrieben, zum Beispiel auf

http://franzis-litfass.biz/chiliverlag-ausschreibungen/

Oder Sie abonnieren den Uschtrin-Newsletter, der regelmäßig über Wettbewerbe und Ausschreibungen berichtet:

https://www.uschtrin.de/newsletter

Oft freuen sich die Verlage, dass Ihnen Geschichten geschickt werden; manchmal hört man aber auch gar nichts von ihnen.

11.2.2 Wettbewerbe

Für Wettbewerbe gilt das Gleiche. Die Adressen finden Sie ebenfalls im Uschtrin-Newsletter.

11.2.3 Schriftsteller-Arbeitsgruppen

Wenn Sie in einen solchen Schreibzirkel hineinkommen, haben Sie großes Glück. Dort erfahren Sie auch etwas über Wettbewerbe, die nicht so bekannt sind. Vor allem bekommen Sie weitere Informationen, die Ihnen helfen. Sollten Sie blind sein, oder sehbehindert, schauen Sie doch einmal auf der Seite www.BLAutor.De nach.

11.2.4 Publikumsverlage

Wenn Sie eine Novelle oder einen Roman geschrieben haben, können Sie Ihr Werk auch einem Publikumsverlag anbieten. Die Chance, angenommen zu werden, ist gering; manchmal bekommt man nicht einmal eine Antwort. Anders sieht es aus, wenn Sie Mitarbeiter des Verlages persönlich ansprechen – zum Beispiel auf einer der vielen kleinen Buchmessen.

11.2.5 Zuschussverlage

Manche Verlage erwarten einen sogenannten Druckkostenzuschuss. Das bedeutet, dass Sie das Risiko des Verlages übernehmen. Lassen Sie die Finger davon.

11.3 Selbstverlag

Wenn Sie ohnehin das Risiko tragen, können Sie auch selbst einen Verlag gründen. Das Wagnis steht meist jedoch in keinem Verhältnis zum Erfolg. Ich empfehle es nicht.

11.3.1 E-Books

Das ist eine Möglichkeit für Schriftsteller, die sich selbst vermarkten wollen. So kenne ich einen Poetry Slammer, der seine Gedichte als E-Books publiziert (was zum Beispiel bei Amazon® nichts kostet). Wo immer er auftritt, wirbt er mit seinem E-Book und hat schon eine erkleckliche Anzahl Kopien verkauft.

11.3.2 PoD

Diese seltsame Abkürzung steht für *Public on Demand*, was so viel heißen soll wie *Druck auf Anfrage*. Hier können Sie Bücher in ordentlicher Aufmachung in Kleinstauflagen drucken lassen. Natürlich wird ein Buch umso teurer, je kleiner die Druckauflage ist. Im Übrigen gilt, was ich bereits über den Eigenverlag gesagt habe. Ich empfehle es nicht.

11.3.3 Eigene Homepage

Wenn möglich, sollten Sie sich eine eigene Internetseite anschaffen. Das ist (zum Beispiel bei Jimdo®) einfacher, als viele glauben. Vielleicht kennen Sie ja auch einen Informatiker, der das für ein oder zwei Pils erledigt. Im Übrigen dient die Page vor allem der Eigenwerbung.

11.3.4 Versand als PDF

Eine weitere Möglichkeit des Eigenvertriebs ist der Versand als PDF-Datei – wenn Sie eine eigene Homepage haben. Dort können Sie Texte zum Herunterladen bereitstellen. Wenn Sie Geld dafür verlangen, müssen Sie natürlich wieder einen

Verlag anmelden. Nachdem Ihr Leser bezahlt hat, schicken Sie ihm die Datei per E-Mail-Anhang oder sie platzieren die Datei auf einer Wolke. Das spart Druckkosten. Auch hier gilt wieder, was ich über den Eigenverlag geschrieben habe.

11.4 Der Markt

Jetzt wollen wir einmal annehmen, dass Sie ein professionell gedrucktes Buch besitzen, in dem mindestens eine Geschichte von Ihnen abgedruckt ist. Dabei ist es gleichgültig, ob es aus dem Eigenverlag ist oder aus einem Publikumsverlag. Das Buch wollen Sie natürlich unter die Leute bringen. Dazu müssen Sie sich meist selbst vermarkten.

11.4.1 Public Relations (Content)

Das Fachwort *Content* steht übrigens für ‚Inhalt'. Das erste, was Sie nämlich brauchen, sind wiederum Texte für die Öffentlichkeit. Schreiben können Sie ja mittlerweile. Und wie eine Pressemeldung aussieht, wissen Sie seit dem ersten Kapitel. Sie haben genau fünf Zeilen zu sechzig Anschlägen, um auf Ihr Werk aufmerksam zu machen. Genau so viel Platz sollten Sie sich für eine Kurz-Biografie gönnen, auf keinen Fall jedoch mehr. Dann brauchen Sie noch mindestens ein professionelles Foto – das ebenso aktuell ist, wie Ihr Werk.

11.4.2 Eigene Homepage (Content)

Mit diesem Material sind Sie schon gut für eine Homepage gerüstet. Wenn Sie einen Schriftsteller persönlich kennen, der vielleicht noch nicht so bekannt ist, schauen Sie auf seine Homepage. Lassen Sie sich inspirieren. Aber auch hier gilt: Nicht abkupfern!

11.4.3 E-Mail, SMS, Twitter, Internet (Content)

Dieses Material brauchen Sie auch für alle anderen Kommunikationswege. Schaffen Sie sich Verteiler für E-Mails, SMS, Twitter. Machen Sie alle auf Ihr Werk aufmerksam.

11.4.4 Social Media Network (Content)

Bauen Sie sich in einem sozialen Netzwerk eine Liste von Freunden auf. Machen Sie alle auf Ihr Werk aufmerksam. Um Ihre Seite zu gestalten, benutzen Sie das Material für die Homepage. Lassen Sie regelmäßig neue Fotos machen.

11.4.5 Lokales Radio

Das lokale Radio wird oft unterschätzt. Vielleicht können Sie dort interviewt werden oder jemand macht eine ganze Sendung über Sie.

11.4.6 Öffentliche Lesungen

Die meisten Bücher werden Sie als unbekannter Autor bei öffentlichen Lesungen verkaufen. Dazu brauchen Sie genug Material um 2 x 45 Minuten vorlesen zu können. Sie können sich natürlich auch mit einem anderen Nachwuchs-Schriftsteller zusammentun, mit dem Sie abwechselnd lesen. Üben Sie das Vorlesen Ihrer Texte so lange, bis Sie wie ein professioneller Schauspieler lesen. Schauen Sie sich die Orte an, wo üblicherweise gelesen wird.

11.4.6.1 geeignete Orte

Das sind alle Orte, an denen es ruhig genug ist, dass jemand vorlesen kann.

11.4.6.1.1 Literaturhaus

Das örtliche Literaturhaus ist natürlich die erste Adresse. Oft werden dort aber nur etablierte Schriftsteller eingeladen.

11.4.6.1.2 Buchladen

Buchläden sind oft an Lesungen von Nachwuchsschriftstellern interessiert. Wer in *drei* Buchhandlungen fragt, bekommt meist *eine* Zusage.

11.4.6.1.3 Buchmesse

Es gibt kleine Buchmessen, bei denen sich das Fragen lohnt. Zu den großen Messen in Frankfurt oder Leipzig wird man meist nur über den Verlag eingeladen.

11.4.6.1.4 Kulturveranstaltungen

Kulturveranstaltungen oder Konzerte eignen sich hervorragend zum Lesen, auch wenn weder die Veranstalter noch die Hörer bisher daran gedacht haben.

11.4.6.1.5 Ausstellungen

Für eine Vernissage oder eine Finissage gilt das Gleiche wie für andere Kulturveranstaltungen: Fragen kostet nichts.

11.4.6.1.6 Kulturkneipe

Kulturkneipen sind schon deshalb interessant, weil sie meist nur ein kleines Budget haben. Deshalb sind sie häufig an Vortragenden interessiert, die kein oder wenig Honorar beanspruchen.

11.4.6.1.7 Lokales Radio

Wie bereits erwähnt, wird das meist unterschätzt.

11.4.6.1.8 Verlagsangebote

Wenn Ihr Buch in einem Publikumsverlag erscheint und dieser nach Lesungen fragt, werden Sie natürlich immer Zeit dafür haben. Das sind Ihre wichtigsten Vorlese-Termine.

11.4.6.2 Lokalität prüfen

Leider sind nicht alle Orte wirklich gut zum Lesen geeignet.

11.4.6.2.1 Licht, Tisch, Stuhl, Mikrofon

Das mindeste, was Sie brauchen, ist ein stabiler Tisch, ein Stuhl der nicht wackelt, eine Lampe, die hell genug leuchtet. Ein Mikrofon brauchen Sie nur, wenn mehr als zwanzig Menschen dort sind.

11.4.6.2.2 Sitzplätze für das Publikum

Sie müssen etwas früher da sein, um nötigenfalls zu helfen, Stühle oder Bänke in den Raum zu platzieren.

11.4.6.2.3 Schlüssel

Klären Sie vorher ab, wer den Schlüssel für den Raum mitbringt. Eventuell bekommen Sie den Schlüssel vorher. Denken Sie daran, bevor Sie mit Ihren Zuhörern vor verschlossener Türe warten.

11.4.6.2.4 Telefon für Notfälle

Falls Sie nicht selbst den Schlüssel haben, lassen Sie sich für Notfälle die Telefon-Nummer des Schlüssel-Inhabers geben.

11.4.6.3 Planen – Öffentlichkeitsarbeit

Schreiben Sie eine Pressemeldung von fünf Zeilen zu sechzig Anschlägen. Wählen Sie eine geeignete Überschrift. Darunter gehört eine Kurz-Biografie von ebenfalls fünf Zeilen, in der alles steht, was sie bisher als Schriftsteller geschrieben haben. Hängen Sie ein kleines Foto an, dessen längste Seite nicht mehr als tausend Pixel hat. Verweisen Sie auf eine größere Foto-Datei, die bei Ihnen per Telefon oder Mail abgerufen werden kann.

Monatszeitschriften wollen im Allgemeinen in der ersten Woche des Vormonats von einem Termin wissen, Wochenzeitungen vierzehn Tage vorher, Tageszeitungen acht Tage vorher. Halten Sie sich an diese Fristen – es wird ohnehin weniger erscheinen, als Sie sich wünschen.

Wenn Sie einen Lokalredakteur oder einen Kultur-Redakteur persönlich kennen, fragen Sie ihn, ob er Interesse an einem Porträt oder Interview hat, eventuell sogar einem Vorbericht, der auf Ihr Event hinweist.

11.4.6.4 Äußeres

Die folgenden Hinweise gelten vor allem für Menschen, die keinerlei Bühnenerfahrung haben.

11.4.6.4.1 Kleidung, Schuhe, Frisur – Korrektiv

Für das Publikum sind Sie zu jeder Zeit von Kopf bis Fuß gepflegt. Partner oder beste Freunde beurteilen gern ihr Äußeres vom Scheitel bis zur Sohle.

11.4.6.4.2 Tasche, Schreibmappe, Hilfsmittel

Sie brauchen natürlich eine Tasche für die Bücher. Wenn Sie aus einem Manuskript lesen, benötigen Sie eine Schreibmappe. Natürlich brauchen Sie einen zuverlässigen Stift zum Signieren.

11.4.6.4.3 Bücher, Ausdrucke

Die Bücher habe ich bereits erwähnt. Wenn nur ein Manuskript vorliegt, wollen Sie vielleicht einige Kopien verteilen. Dann müssen Sie sie vorher ausdrucken oder kopieren lassen.

11.4.6.5 Rezitativ üben

Üben Sie das Vorlesen. Lassen Sie sich von Freunden abhören.

11.4.6.6 Zusammenarbeit mit Schauspielern

Wenn Sie Schauspieler kennen, fragen Sie, ob man vielleicht gemeinsam etwas vorlesen könnte.

11.4.6.7 Übertragungsanlagen – Mikrofone – Rat von Musikern

Wenn es sich um einen Saal mit mehr als zwanzig Stühlen handelt, lohnt es sich meist, über ein Mikrofon zu lesen. Wenn Sie sich mit Verstärkern überhaupt nicht auskennen, könnten Sie einen Musiker fragen, der sich auskennt. Ideal ist ein *Ansteckmikrofon* (*Lavallier-Mikrofon*) oder ein *Kopfbügel-Mikrofon* (*Headset*), das mit einem Bügel auf den Ohren befestigt wird. Dazu gehört jeweils ein Sender für den Gürtel und ein Empfänger für den Anschluss an den Verstärker. Die Mischpulte, Bühnenverteiler (*Multicores*) und Verstärker haben unterschiedliche Stecker. Es wäre gut, wenn Sie sich mit entsprechenden Adaptern ausrüsten könnten. Bringen Sie immer eine frische Batterie für den Sender mit.

11.4.6.8 Buchverkauf – Kasse – Bücher

Wollen Sie etwas verkaufen, ist eine kleine Kasse mit Wechselgeld nützlich. Vielleicht kommen Sie auch irgendwie an einen kleinen Aufsteller, der Ihr Buch präsentiert.

11.4.6.9 Zusammenarbeit mit Buchläden

Idealerweise brauchen Sie sich um den Buchverkauf nicht zu kümmern, wenn dies bereits die freundliche Verkäuferin aus dem Buchladen tut. Fragen Sie sie.

Entspannen Sie sich – Europa

„Unsere Tochter möchte baden." Telephassa schaut zu ihrem Gatten. „Sie will zum Strand."

„Europa soll nicht vergessen, dass sie die Tochter des Königs von Phönizien ist", Agenor reibt sich unter dem Kinn, „kein Mann darf sie unbekleidet sehen."

„Ihr ist das egal. Sie träumt davon, Miss Griechenland zu werden."

„Nichts als Flausen im Kopf. Sie zählt noch keine fünfzehn."

„Ihre Zofen kommen mit. Sie passen auf, dass sie sich nur da auszieht, wo niemand in der Nähe ist."

„Meinetwegen. Aber zum Abendbrot ist sie zu Hause."

Die Tochter rennt bereits mit den Mädchen zum Strand. Kaum ein Spiel mag sie lieber, als sich wie ein Fisch im flachen Wasser zu aalen. In einer Grotte legen sie ihre Kleider ab.

Wie ein Hauch erscheint ihnen plötzlich die Nymphe Karmentis. „Pst. Ich verrate Euch ein Geheimnis. Der gewaltige Zeus hat ein Auge auf die Agenor-Tochter geworfen. Sie muss sich verstecken."

„Hör' auf zu unken, Karmentis." Mit geflügelten Füßen eilt Hermes herbei. „Der Göttervater zwingt niemanden, ihm zu Willen zu sein. Lehnt eine Sterbliche seine Gunst ab, betrachtet er die

Sache als erledigt – wenn sie das denn wünscht. Lass die Mädels spielen."

Schlagartig sind beide Geisterwesen verschwunden.

Den Kindern ist es unheimlich in der Grotte. Sie wollen zurück in die Sonne.

Allein: Dort weidet mittlerweile eine Herde bunter Kühe. Von weitem sehen die Rinder zwar friedlich aus, aber näher heran traut sich keines der Mädchen an die großen Tiere.

Besonders imposant wirkt ein weißer Leitstier, der alle anderen überragt.

Doch Kinder sind neugierig. Und die Tiere scheinen die nackten Mädchen aufmunternd anzusehen. Vorsichtig nähern sie sich der Herde. Als noch niemand sonst es wagt, eines der Rinder anzufassen, beginnt eine besonders abenteuerlustige Zofe, einen jungen Stier hinter dem Ohr zu kraulen.

Alle schauen die Königstochter an. Sie überlegt, ob sie sich nicht lieber etwas überziehen sollte. Obwohl sie natürlich vor Tieren keine Scham empfindet – aber so gewinnt sie ein bisschen Zeit. Das Leittier dreht sich zu ihr, schaut die Königstochter treuherzig mit großen Kuhaugen an, senkt den Kopf.

Da holt sie tief Luft, geht auf den großen weißen Stier zu, streichelt ihm vorsichtig die Nase, wartet bis er sich fast vor ihr verneigt, tastet behutsam zwischen die auffallend kleinen Hörner.

Zufrieden gibt der Stier einen tiefen Laut von sich.

Sie wagt sich näher heran, fährt ihm über die Stirn, reißt ein paar Büschel Gras aus, mit denen sie ihn füttert, pflückt ein paar Blumen um die kleinen Hörner damit zu bekränzen, flüstert ihm schließlich ins Ohr: „Du bist doch sicher ein ganz Lieber."

Furchtsam beobachten ihre Mädchen alles aus sicherem Abstand. Sie bewundern die Königstochter, weil sie mit dem riesigen Stier spielt. Ihre Zofe Penelopeia jedoch stichelt: „So sanftmütig er wirken mag: Sich auf seinen Rücken zu setzen traust Du Dich sicherlich nicht."

Europas Gesichtchen färbt sich dunkler.

Plötzlich raunt der Stier: „Bisher hat es niemand geschafft, mich zu zähmen", er spricht so leise, dass nur sie es hört, „dafür sollst Du belohnt werden. Schon bald bist Du die schönste Frau der Welt."

In diesem Moment wünscht sie sich, dass alle seine tiefe Stimme hören.

Doch der Stier spricht leise weiter: „Wenn Du aufsteigst, bringe ich Dich, wohin Du willst. Ich werde vorne in die Knie gehen. Dann fällt es Dir leicht, Dich auf meinen Rücken zu setzen."

Noch während sie mit offenem Mund vor ihm steht, geht er vorne in die Knie. Wie eine Schlafwandlerin gleitet sie auf den dargebotenen Rücken. Die Zofen klatschen vor Freude in die Hände.

Im gleichen Moment richtet sich der Stier auf. Sie schreit vor Angst. Mit Riesensprüngen landet er im Wasser. Sofort rast er weiter. Ihr bleibt keine Wahl. Sie klammert sich an den Hörnern fest, damit sie nicht ins Meer geworfen wird.

Der Stier scheint übermenschliche Kräfte zu besitzen. Schon bald springt er auf Kreta an Land. Wieder beugt er die Knie, so dass das Mädchen ohne Gefahr absteigen kann.

Soll sie fliehen?

Aus heiterem Himmel schlägt ein Blitz in die Erde. Als sie argwöhnisch mit den Augen blinzelt, steht der Göttervater Zeus vor ihr. Sie erkennt ihn sofort. An dem Bündel Blitze, die er in den Sand legt. Ein Adler kreist über ihnen. Er setzt sich dem Zeus auf die rechte Schulter.

Nun schämt sie sich, weil sie nackt ist.

Der Wolkensammler scheint ihre Gefühle zu erraten. „Auf dem Olymp gibt es keine Scham, mein Kind."

Da erst bemerkt sie, dass er ebenfalls nichts anhat.

Nackte Jungs sah sie bereits. Heimlich. Aus Büschen heraus. Beim Spielen am Strand.

Doch so viel Mann verstört sie.

Abermals erkennt er, was ihr durch den Kopf geht: „Jeder Fluchtversuch muss scheitern, mein Fräulein; wir sind hier auf einer Insel. Du kannst nicht schwimmen."

Sie fragt ihn geradeheraus, wie die Geschichte denn jetzt weitergehe?

„Komm mit mir auf das Lager, bereitet von Hephaistos. Erfreuen wir uns der Liebe, wie es der Brauch ist."

„Als Sterbliche darf ich Deine Gunst ablehnen."

„Das hast Du sicherlich von meinem Boten."

„Der Göttervater zwinge niemanden, ihm zu Willen zu sein. Das hat Hermes versprochen."

„Da hat der Götterbote geflunkert, mein Kind. Das tut er gern. Dabei ist er es, der Dich festhält, wenn Du mir widerstehst."

„Du willst es also treiben mit mir. Davor hat mich mein Vater ausdrücklich gewarnt. Er sagt, dann werde ich schwanger."

„Dein Vater Agenor hat Recht. Du sollst drei Söhne von mir empfangen."

„Ich eine Mutter? Niemals. Das ruiniert mir die ganze Figur. Ich will auch keine Schwangerschaftsstreifen bekommen. Damit hätte ich kaum eine Chance, jemals Miss Griechenland zu werden. Ich besitze das niedlichste Gesicht der Peleponnes, lange Beine, schlanke Hüften, einen runden Po. Mein Herr. Ich habe Träume. Und ich will, dass sie sich erfüllen."

„Verhehle es nicht und sage es heraus damit wir es beide wissen. Ich kann Dir all' Deine Wünsche erfüllen. Wovon träumst Du?"

„Ich ersehne mir einen gutaussehenden Ehemann. Ich schwärme von reichlich gefüllten Goldspeichern. Ich träume von unermesslichem Ruhm. Ich wünsche mir, dass sie Straßen nach mir benennen, dass die Barden mich besingen, dass die Männer mich begehren, dass die Frauen mich wegen meiner Traummaße beneiden. Ich will, dass auch die späteren Menschen bewundernd von mir reden."

Der Göttervater nickt ihr zu: „So ist es beschlossen, mein Kind. Darum höre: Asterios von Kreta macht Dich zur Königin; damit wirst Du Griechenlands reichste Frau. Er adoptiert Deine Kinder. Und ein ganzer Erdteil wird Deinen Namen tragen."

Anhang Literaturverzeichnis

Im Text habe ich bereits das eine oder andere Buch erwähnt. Hier finden Sie die Literatur nun thematisch geordnet.

1 Das Handwerk des Schreibens

Reiners, Ludwig: Stilfibel. Der sichere Weg zum guten Deutsch. München: Deutscher Taschenbuchverlag 2007 [Erstauflage 1951] (= dtv 34358).

Diese unverwüstliche Stilfibel ist mit einer Auflage von einer halben Million Stück im Umlauf. Die Vorschläge des Autors sind trotzdem immer noch empfehlenswert. Schriftsteller sollten es gründlich durcharbeiten. Wolf Schneider empfiehlt Journalisten, dies alle paar Jahre zu tun.

Schneider, Wolf: Deutsch für Profis. Wege zu gutem Stil. München: Goldmann [11]2001.

Auch dieses Werk ist schon etwas älter. Der ehemalige Leiter der Hamburger Journalistenschule wendet sich vor allem an angehende Journalisten.

2 Das fiktionale Schreiben

2.1 Gedichte

Thalmayr, Andreas: Lyrik nervt. Erste Hilfe für gestresste Leser. München – Wien: Carl Hanser Verlag 2004.

Thalmayr führt locker, aber gezielt an moderne Lyrik heran.

Thériault, Denis: Siebzehn Silben Ewigkeit. Übertragen aus dem Französischen von Saskia Bontjes van Beek. München: dtv 2011.

Dies ist ein spannender Kurzroman, in dem der Leser eine Menge über die Kunst des Haiku erlernen kann.

2.2 Theaterstücke

Hall, Roger A.: Mein erstes Stück. Aus dem Englischen von Andreas Betten. Frankfurt: Zweitausendeins 2000.

Wer ein Stück schreiben möchte, findet erste Hilfe in diesem gut geschriebenen Buch. Leider ist es im Verlag ver-

griffen und nur noch antiquarisch erhältlich.

2.3 Drehbücher

Das Standardwerk stammt von Syd Field. Es heißt Screenplay. Erschienen bei The Foundations of Screenwriting. Es existieren verschiedene ordentliche Übersetzungen. Sie finden Sie unter den Stichwörtern Drehbuch Syd Field.

2.4 Novellen und Romane

Stein, Sol: Über das Schreiben. Berlin: Autorenhaus 2015.

Dieses Werk erschien ursprünglich vor zwanzig Jahren bei Zweitausendeins in Frankfurt. Gelegentlich ist antiquarisch ein gutes Exemplar zu bekommen. Jetzt ist es neu erschienen. Das ist das wichtigste Buch über das fiktionale Schreiben.

3 Weltliteratur

3.1 Homer

Homer: Ilias/Odyssee. Übersetzt von Johann Heinrich Voss. München: dtv 2002.

Wie oben erwähnt, ist dies der kanonische Text, der von der Literaturwissenschaft verwendet wird.

Homer: Ilias. Übersetzt von Wolfgang Schadewaldt. (Frankfurt: Insel 1975) Düsseldorf: Patmos ^{4}2007.

Homer: Odyssee. Übersetzt von Wolfgang Schadewaldt. (Frankfurt: Insel 1975) Düsseldorf: Patmos ^{4}2007.

Ich habe Ihnen bereits verraten, dass Schadewaldt mein Lieblingsübersetzer des Werkes von Homer ist. Im Gegensatz zu Voss verzichtet er auf die Hexameter und erzählt in Prosa.

Rai, Edgar: Homer für Eilige. Berlin: Aufbau 2002.

Dieses mitreißende Buch sollte jeder lesen, der sich noch nie mit Homer beschäftigt hat. Vor allem, weil es den Appetit anregt.

Homer: Ilias. (Schadewaldt), gelesen von Rolf Boysen. Gekürzte Ausgabe. Laufzeit 7 Stunden 42 Minuten – 6 CDs.

Diese Ilias stützt sich auf die Schadewaldt-Übersetzung und ist leicht gekürzt. Herausgekommen ist ein spannender Vortrag in den Münchener Kammerspielen, der sich vor allem beim Sport oder beim Joggen bewährt hat.

3.2 Die Bibel

Stuttgarter Erklärungsbibel [SEB]. Lutherbibel in der revidierten Fassung von 1984 mit Einführungen und Erklärungen. Stuttgart: Deutsche Bibel-gesellschaft 1999 [Neu-Ausgabe 2016].

Neue Jerusalemer Bibel [NJB]. Einheitsübersetzung [EÜ] mit dem Kommentar der Jerusalemer Bibel. Freiburg: Herder 1985.

Die Stuttgarter Erklärungsbibel enthält ebenso wie die Neue Jerusalemer Bibel zahlreiche erklärende Anmerkungen. Manchmal sind sie genau so lang wie der Text selbst. Da sie auch für Laien verständlich formuliert sind, eignen sich diese Ausgaben besonders, wenn die Leser verstehen wollen, wie die ursprünglichen Texte verstanden wurden.

Die Volx-Bibel. Frei übersetzt von Martin Dreyer. Band I. Die alten Verträge zwischen Gott und den Menschen. München: Pattloch 2009. Band II: Ein neuer Vertrag zwischen Gott und den Menschen. München: Pattloch 2008.

Beide Taschenbücher sind in der jeweils aktuellen Jugendsprache geschrieben. Der Autor betreibt einen eigenen Blog, wo er immer wieder Jugendliche auffordert, ihm bei der Ausdrucksweise für eine neue Auflage zu helfen.

Das Neue Testament und frühchristliche Schriften. Übersetzt und kommentiert von Klaus Berger und Christiane Nord. Frankfurt: Insel ^{6}2003.

Die Verfasser haben zahlreiche Schriften aus den ersten zwei Jahrhunderten neu übersetzt und gehen damit weit über die kanonisierten Bücher hinaus. Einige Texte erscheinen hier zum ersten Mal in deutscher Sprache.

Biblia – das ist die gantze Heilige Schrift Deutsch. Marth. Luth. Begnadet mit kurfüstlicher zu Sachsen freiheit. Gedruckt durch Hans Lufft. A. D. XXXIIII. Von Stephan Fuessel (Erläuterungen), Lucas Cranach (Illustrator), Martin Luther (Übersetzer). Die Faksimile-Ausgabe der Luther-Bibel von 1534 nach dem handkolorierten Exemplar aus der Herzogin-Anna-Amalia-Bibliothek in Weimar in zwei Bänden mit Begleitheft im Schuber. Stuttgart: Deutsche Bibelgesellschaft 2013.

Es handelt sich um eine Faksimile-Ausgabe der Prachtbibel mit dem Luthertext von 1534. Das ist vor allem ein dekoratives Werk für den Kaffeetisch.

4 Unterhaltungsliteratur

Die folgenden Romane entstammen Genres, die oft generell als Trivial-Literatur verdächtigt werden. Doch in jeder der genannten Sparten taucht immer wieder ein hochliterarisches Werk auf. Das sollen die folgenden (willkürlich ausgewählten) Werke dieser Genres zeigen:

Kirchhoff, Bodo: Infanta. München: dtv 1990. (Liebesroman)

Storm, Theodor: Immensee. Leipzig: Reclam 1965 [1849]. (Heimatroman)

May, Karl: Der Schatz im Silbersee. Bamberg-Radebeul: Karl May 1997 [1890]. (Western)

Dürrematt, Friedrich: Der Verdacht. Zürich: Diogenes 282004 [1951]. (Kriminalroman)

Schätzing, Frank: Der Schwarm. Frankfurt: Fischer 2004. (Science-Fiction-Roman)

Rowling, Joanne K.: Harry Potter. Hamburg: Carlsen 1997-2007. (Fantasy)

Nabokov, Vladimir: Lolita. Reinbek: rororo 1955. (Erotik)

5 Nachschlagewerke

Es handelt sich um Beispiele, da es ähnlich gute Bücher meist auch von anderen Verlagen gibt. Ich nenne Ihnen einfach diejenigen, die ich am häufigsten benutze.

Duden – Die deutsche Rechtschreibung: Das umfassende Standardwerk auf der Grundlage der aktuellen amtlichen Regeln. Band 1. Mann-heim: Bibliographisches Institut ^{26}2014.

Hier finden Sie alle aktuellen Regeln für die Rechtschreibung und die Zeichensetzung. Zu einem geringen Aufpreis erhält man zusätzlich eine CD für den heimischen Rechner.

Hoberg, Rudolf: Der kleine Duden. Deutsche Grammatik. Eine Sprachlehre für Beruf, Studium, Fortbildung und Alltag. Band 4. Mannheim: Bibliographisches Institut ^{4}2009.

Dies ist eine knappe, aber korrekte, Regelsammlung zur deutschen Syntax.

Duden – Deutsches Universalwörterbuch. Das umfassende Bedeutungswörterbuch der deutschen Gegenwartssprache. Mannheim: Bibliographisches Institut [8]2015.
Das Deutsche Universalwörterbuch hat über zweitausend Seiten, ist ein zuverlässiger Rechtschreibratgeber und enthält eine deutsche Kurzgrammatik sowie etymologische Hinweise. Zu einem geringen Aufpreis erhält man es zusätzlich auf CD für den heimischen Rechner.
Müller, Wolfgang: Das Gegenwort-Wörterbuch. Ein Kontrastwörterbuch mit Gebrauchshinweisen. Berlin: de Gruyter [2]2000.
Ein Antonym-Wörterbuch sagt Ihnen schnell, welche Gegenbegriffe es zu einem Wort gibt. Im Bechtermünz-Verlag erschien vor Jahren noch eines für den kleineren Geldbeutel:
Antonyme. Wörter und Gegenwörter der deutschen Sprache. Herausgegeben von Gudrun Petasch-Molling. Eltville: Bechtermünz 1989.
Es wird offensichtlich nicht mehr aufgelegt, ist jedoch antiqua-risch günstig zu haben.
Dornseiff, Franz: Der deutsche Wortschatz nach Sachgruppen. Berlin: de Gruyter [8]2004.
Das Synonymwörterbuch. Ein Wörterbuch sinnverwandter Wörter. Duden – Deutsche Sprache in 12 Bänden – Band 8 mit CD-Rom. Mannheim: Bibliographisches Institut [6]2014.
Peltzer, Karl und von Normann, Reinhard: Das treffende Wort. Bern: Ott [26]2000.
Textor, A. M.: Sag es treffender. Das Synonymwörterbuch für den täglichen Gebrauch. Reinbek: rororo [2]2014.
Bulitta, Erich und Hildegard: Wörterbuch der Synonyme und Antonyme. Sinn- und sachverwandte Wörter und Begriffe sowie deren Gegenteil und Bedeutungsvarianten. Frankfurt: Fischer Taschenbuch [6]2003.
Mit einem Thesaurus (Mehrzahl: Thesauri) oder Synonymwörterbuch wie dem Dornseiff erschließen Sie sich Wortfelder und Synonyme. Viele Textprogramme bieten so et-

was über die Tasten Umschalt+F7. Journalisten benutzen oft Taschenbücher, wie den Textor; sie sind preisgünstig und können alle paar Jahre ersetzt werden.
Für Tablets mit Android-Betriebssystem gibt es derzeit:
anderes Wort – Thesaurus – Offline Thesaurus.
Da sich das Angebot in den App-Stores ständig vergrößert, sollten Sie bei Bedarf dort unter den Stichwörtern Synonym oder Thesaurus suchen. Für Tablets mit Apple-Betriebssystem gibt es derzeit:
Thesaurus – Thesaurus Free – Thesaurus Deutsch.
Für Tablets und PCs mit Windows sind zu empfehlen:
Synonyme.Woxikon – Wiktionary.

Der Autor

Marc Mandel wurde 1948 im Saarland geboren. Er war viele Jahre als Rockmusiker und Hotelpianist unterwegs. Heute lebt er in Griesheim bei Darmstadt.

1968 schrieb Marc Mandel die ersten Kolumnen und satirischen Beiträge. Daneben entstanden Aphorismen, Gedichte und Kurzgeschichten. Zeitungen wie das Darmstädter Echo und die Jüdische Allgemeine publizierten seine Glossen und Reportagen. 2014 erschien im chiliverlag in Verl seine Kurzgeschichten-Sammlung Morden.

Der Stoff für diesen Ratgeber erwuchs aus seiner Dozententätigkeit in Seminaren über die Short Story.

Marc Mandel, Morden – Kurzkrimis
chiliverlag 2014, 140 Seiten,
ISBN 978-3-943292-14-5, 9,90 Euro

Marc Mandels raffinierte Kurzkrimis spielen in Milieus, in denen intelligentes Handeln erwartet wird. Weder gehobene Chefetagen, Beamtenbiotope, Politikerkreise noch Schulen oder Fitnessstudios sind vor Korruption und Verbrechen sicher. Auslöser perfider Verbrechen sind nicht selten ‚nackte' Instinkte. Exzesse, die durch virtuelle Scheinwelten erst möglich werden, lassen den Leser oft verstört zurück; durch seine Gedanken spuken Ereignisse, von denen wir alle bedroht werden. Die Stories sind nach dem letzten Satz oftmals nicht „zu Ende", da sie beim Leser ein ungutes Gefühl realistischer Bedrohung hinterlassen.

Marc Mandel ist ein Meister des Überraschungseffekts.